# 主体的に学習に取り組む態度

その育成と学習評価

ASSESSMENT

田中保樹・三藤敏樹・高木展郎　著

東洋館出版社

# はじめに

改訂された学習指導要領が、小学校と中学校に続き、2022年4月から高等学校も年次進行で実施されました。各学校は日頃の教育活動において、これまでに蓄積されてきた知見や実績から、目の前の児童生徒に即した学習指導を改善したり充実させたりしていることでしょう。しかし、学習評価に関しては、本来の意義や在り方についての理解が十分とは言えない状況です。また、「指導と評価の一体化」が形骸化している実態もあります。

さらに、主体的に学習に取り組む態度の育成と評価について、困っているという声を聞くことが多いです。その意義が理解できず、学習評価や学習成績に位置付くことを肯定的に捉えることができない場合も見られます。また、これまでの「関心・意欲・態度」と同じであると誤解している場合もあります。

学習に主体的に取り組むからこそ、各教科等の学びの意義や有用性を実感することができ、児童生徒の資質・能力は育成されるのです。高等学校入学者選抜においても、観点別学習状況の評価における「主体的に学習に取り組む態度」が扱われようとしています。

なお、本書では、特に断りがない限り平成29～31年告示の学習指導要領に基づいて執筆しています。また、観点別学習状況の評価の観点として表記する際は、「主体的に学習に取り組む態度」のようにかぎ括弧を付けた表記としています。

巻頭には特別寄稿として、文部科学省初等中等教育局教育課程課教育課程企画室長である石田有記氏に「『主体的に学習に取り組む態度』の意義と期待すること」をご執筆いただいています。

本書は、校種や教科等を超えて、主体的に学習に取り組む態度と、その育成と学習評価について、校種や教科等を越えて検討、考察しています。読者の皆様には、校種や教科等にとらわれず、目の前の児童生徒の主体的に学習に取り組む態度の育成と評価を、どのようにしたらよいかという視点から各ページを捉え、各学校の実態に即した事例を考える機会としていただけることを願っています。

本書が、全国の学校において、児童生徒の主体的に学習に取り組む態度をはじめとした資質・能力の育成や、カリキュラム・マネジメント、授業づくり、学習評価、「指導と評価の一体化」などの充実の一助となれば、著者3名と13名の協力者にとって望外の喜びです。

2023年3月　田中保樹・三藤敏樹

INTRODUCTION

# 主体的に学習に取り組む態度

## その育成と学習評価

[目次]

CONTENTS

CONTENTS

特別寄稿

# 「主体的に学習に取り組む態度」の意義と期待すること

文部科学省初等中等教育局教育課程課教育課程企画室長
石田有記

## 1 はじめに

本書の読者の多くは、学校の教師あるいは管理職として日々子供たちと向き合い、その学びと育ちを支えておられる方々、あるいは教育委員会の指導主事等の職員として学校における教育課程の展開を支えておられる方々ではないかと思います。

本稿を始めるに当たり、読者の皆様の日々の御尽力に、この場を借りて敬意を表するとともに御礼を申し上げたいと思います。

私自身は、文部科学省において学習指導要領を担当していますが、当然のことながら、学習指導要領を改訂すれば直ちに子供たちの資質・能力が育成されるわけではありません。学習指導要領が目指す資質・能力を子供たちに育成するためには、まずもって学校教育の最前線で指導にあたられる皆様一人一人が、学習指導要領に示された内容と、目の前の子供たちの実態とを照らし合わせながら、教材や教具、学習活動を工夫する中で、子供たちの学習状況を把握し、その後の指導の改善を図っていくという地道な実践の取組が欠かせません。こうした実践の蓄積が学校間、教師間で相互に参照される中で、学習指導要領に示された内容を具現化した子供たちの姿が次第に共有され、学習指導要領の趣旨の実現に向けた道筋が明らかとなっていくものと考えています。

本稿では、今次学習指導要領の改訂から指導要録の改善に至る議論を文部科学省の事務局として担当した立場から、学習評価の観点として新たに位置付けられた「主体的に学習に取り組む態度」の意義や評価に際しての留意点、各学校における取組に期待することについて(やや私見も交えながら)述べることとしたいと思います。

## 2 平成18年の学校教育法改正と今次学習指導要領の改訂

平成18年に改正された学校教育法では第30条2項として「生涯にわたり学習する基盤が培われるよう、基礎的な知識及び技能を習得させるとともに、これらを活用して課題を解決するために必要な思考力、判断力、表現力その他の能力をはぐくみ、主体的に学習に取り組む態度を養うことに、特に意を用いなければならない（傍点は引用者）」との規定が新たに盛り込まれました。このように本稿で取り上げる「主体的に学習に取り組む態度」は、①「知識及び技能」「思考力、判断力、表現力その他の能力」とあわせ、いわゆる「学力の三要素」の一つに位置付くものであること、②「主体的に学習に取り組む態度」の涵養は子供たち一人一人の生涯学習の基盤を培うことに資するものであることの二つの意義が明らかとされたことを共有しておきたいと思います。

平成29・30年に改訂された現行の学習指導要領では、それに先立つ中央教育審議会の議論において、この「学力の三要素」を出発点に資質・能力の整理がなされ、その結果、学習指導要領に示す各教科等の目標や内容を資質・能力の三つの柱－〈知識及び技能〉〈思考力、判断力、表現力等〉〈学びに向かう力、人間性等〉－で再整理し、それらをバランスよく育成していくこととされました。

また、学習評価についても、学習指導要領の下での各学校における「指導と評価の一体化」の取組を一層推進する観点から、資質・能力の三つの柱に即して「知識・技能」「思考・判断・表現」「主体的に学習に取り組む態度」の三観点による学習状況評価を行うこととされました。

このように今回の学習指導要領では、平成18年の学校教育法改正を踏まえて整理された資質・能力の三つの柱のバランスのとれた育成に向けて、各教科等の文脈に即して「指導と評価の一体化」に取り組むことが正面から求められていることを共有しておきたいと思います。

さらに共有しておきたいのは、先述したとおり「学力の三要素」の育成は、子供たち一人一人の生涯学習の基盤を培うことにつながるものとして行われることの重要性です。

そうした意味では、先生方一人一人の授業における子供たちの学びが、学校卒業後の子供たちの学習や生活の基盤の形成に資するものとなっているかということが改めて問われており、子供の学びと育ちを支える専門職としての教職の意義や役割の発揮が一層重視され、また期待される状況にあります。

## 3 「関心・意欲・態度」と「主体的に学習に取り組む態度」

前項では「主体的に学習に取り組む態度」の涵養は、子供たちの生涯学習の基盤を培うことにもつながると述べました。ここで「主体的に学習に取り組む態度」と「関心・意欲・態度」との関係や関連について、その歴史的な経緯を含めて整理しておきたいと思います。

学習指導要領は昭和33年に告示という形式で初めて示された後、累次の改訂を重ねてきました。その歴史において「生涯学習の基盤を培う」という点が明確に打ち出されたのは、平成元年の学習指導要領です。この学習指導要領では「生涯学習の基盤を培うという観点に立ち、21世紀を目指し社会の変化に自ら対応できる心豊かな人間の育成を図ること（小学校学習指導要領（平成29年告示）解説総則編、152頁、傍点は引用者）」というねらいの下、「(自己教育力の育成)　社会の変化に主体的に対応できる能力の育成や創造性の基礎を培うことを重視するとともに、自ら学ぶ意欲を高めるようにすること」などを基本的な方針とした改訂が行われました。

同改訂を踏まえ文部省から刊行された『小学校教育課程一般指導資料　新しい学力観に立つ教育課程の創造と展開(平成5年9月)』では、「新しい学力観に立つ評価の構想と展開の視点」が示されました。同書では、学習過程において「指導と評価の一体化」を図ることを重視すること、すなわち学習指導要領に示す各教科の目標の実現状況等を把握し指導の改善を図ることとの重要性が示されました。また、そのための具体的な手立てとして、各教科において評価の観点と評価規準を設定し学習評価に臨むという今日の学習評価の取扱いにつながる基本的な枠組みが示されました。こうした流れの中で、平成元年改訂の学習指導要領の下での学習評価の観点の一つに「関心・意欲・態度」が位置付けられました。

以上見てきたように、「関心・意欲・態度」の観点が「生涯学習の基盤を培う」というねらいの下、「社会の変化に主体的に対応できる能力の育成」「自ら学ぶ意欲を高めるようにすること」を基本的な方針とする平成元年の学習指導要領の下で位置付けられたという歴史的経緯を踏まえれば、「関心・意欲・態度」の観点と前項で述べた「主体的に学習に取り組む態度」の観点とは、その趣旨において大きく重なりがあることを理解いただけるのではないかと思います。このことに関連して、今次学習指導要領の下での学習評価の在り方について」中央教育審議会の教育課程部会がまとめた「児童生徒の学習評価の在り方について（平成31年1月21日中央教育審議会初等中等教育分科会教育課程部会報告、以下「31報告」）では次のように述べています。

○……「**主体的に学習に取り組む態度」の評価に際しては、単に継続的な行動や積極的な発言等を行うなど、性格や行動面の傾向を評価するということではなく、**

**各教科等の「主体的に学習に取り組む態度」に係る評価の観点の趣旨に照らして、知識及び技能を獲得したり、思考力、判断力、表現力等を身に付けたりするために、自らの学習状況を把握し、学習の進め方について試行錯誤するなど自らの学習を調整しながら、学ぼうとしているかどうかという意思的な側面を評価することが重要である。**

**現行の「関心・意欲・態度」の観点も、各教科等の学習内容に関心をもつことのみならず、よりよく学ぼうとする意欲をもって学習に取り組む態度を評価するのが、その本来の趣旨である。したがって、こうした考え方は従来から重視されてきたものであり、この点を「主体的に学習に取り組む態度」として改めて強調するものである。**

また、31報告では「主体的に学習に取り組む態度」と生涯にわたり学習する基盤との関わりについても次のように述べています。

**○　また、答申が指摘するとおり「学びに向かう力、人間性等」は、知識及び技能、**

**思考力、判断力、表現力等をどのような方向性で働かせていくかを決定付ける重要な要素であり、学習評価と学習指導を通じて「学びに向かう力、人間性等」の涵養を図ることは、生涯にわたり学習する基盤を形成する上でも極めて重要である。**

**○　したがって、「主体的に学習に取り組む態度」の評価とそれに基づく学習や指導の改善を考える際には、生涯にわたり学習する基盤を培う視点をもつことが重要である。**

したがって、今般の学習評価に盛り込まれた「主体的に学習に取り組む態度」の観点と、従前から行われてきた「関心・意欲・態度」の観点は、その根本において「生涯学習の基盤を培う」という共通の意義を有していることを踏まえた上で、各教科等における具体的な学習評価の在り方と、その結果を踏まえた指導の改善を考えていくことが重要となります。

## 4　「主体的に学習に取り組む態度」の評価に当たって

これまで平成18年の学校教育法の改正や平成元年の学習指導要領などを手掛かりとし

ながら、「主体的に学習に取り組む態度」の観点の意義について述べてきました。
改めて整理すると、次のようにまとめることができます。

・平成の時代に入ってから、加速する社会変化を踏まえ、生涯にわたり学習する基盤を培うことが、学校教育に一層求められるようになってきていること
・近年では、平成18年の学校教育法改正において、学校教育において、生涯にわたり学習する基盤を培うことができるよう、「主体的に学習する態度」を含む学力の三要素に意を用いることが明示されたこと
・こうした一連の流れを受ける形で、今次学習指導要領において、各教科等の目標・内容が資質・能力の三つの柱で再整理され、それに対応する観点の一つに「主体的に学習に取り組む態度」が位置付いていること、従来の「関心・意欲・態度」の観点とも「生涯学習の基盤を育成する」という根本において、共通の意義を有していること

こうした前提を共通理解した上で、ここでは、31報告を踏まえつつ、実際に各教科等において「主体的に学習に取り組む態度」を評価する際の留意点について述べたいと思います。

## 【1】「主体的に学習に取り組む態度」の評価に際しての留意点

31報告では「主体的に学習に取り組む態度」の評価について、次のように行うことを求めています。

**○ 本観点に基づく評価としては、「主体的に学習に取り組む態度」に係る各教科等の評価の観点の趣旨に照らし、**

**① 知識及び技能を獲得したり、思考力、判断力、表現力等を身に付けたりすることに向けた粘り強い取組を行おうとする側面と、**

**② ①の粘り強い取組を行う中で、自らの学習を調整しようとする側面、**

**という二つの側面を評価することが求められる。**

「主体的に学習に取り組む態度」の評価を行う際の留意点につき、詳しくは31報告の記載を確認いただければと思いますが、ここでは2点に絞って述べたいと思います。

1点目は、ここで評価の対象とする学習の調整に関する態度は、必ずしも、その学習の調整が「適切に行われているか」を判断するものではないことに着目して、指導と評価を考えることが大切であるということです。
こういう場面を思い浮かべてみてください。

Ａさんの授業中の様子を見ていると、一生懸命、試行錯誤したり、粘り強く取り組んだりしており、「主体的に学習に取り組む態度」を体現する姿が見られる。しかしながら、その結果が、どうも〔知識及び技能〕の習得や、〔思考力、判断力、表現力等〕の発揮に結び付いていない、どうもＡさんの努力は「空回り」してしまっているようだ。

これは放っておけないですよね。観点別の学習状況に「ずれ」が生じている状況です。仮に読者の先生方がこのような状況を目になさったら、Ａさんの努力が「空回り」しないように直ちに行動を起こされるのではないかと思います。例えば、Ａさんの努力の方向がよくなるようにヒントとなる声がけをしてみたり、場合によっては思い切って学習の流れや見通しを示すような抜本的な対応に踏み切ったり、Ａさんの状況に応じて様々な手立てを講じられるのではないかと思います。
こうした行為こそが学習評価の結果を指導に生かす「指導と評価の一体化」の一つの姿で

す。そうした地道で子供たちに寄り添った行為の積み重ねが、資質・能力の三つの柱のバランスのとれた育成につながり、ひいては、これまで繰り返し述べてきたような「生涯学習の基盤」を子供たちに培うことにもつながるのだと思います。

この点に関し、31報告では次のように述べています。

**○……単元の導入の段階では観点別の学習状況にばらつきが生じるとしても、指導と評価の取組を重ねながら授業を展開することにより、単元末や学期末、学年末の結果として算出される3段階の観点別学習状況の評価については、観点ごとに大きな差は生じないものと考えられる。仮に単元末や学期末、学年末の結果として算出された評価の結果が「知識・技能」、「思考・判断・表現」「主体的に学習に取り組む態度」の各観点について、「CCA」や「AAC」といったばらつきのあるものとなった場合には、児童生徒の実態や教師の授業の在り方などそのばらつきの原因を検討し、必要に応じて、児童生徒への支援を行い、児童生徒の学習や教師の指導の改善を図るなど速やかな対応が求められる。**

ここで紹介した31報告の記述をめぐり、最近、その一部分が独り歩きして「CCA」や「AAC」を付けてはならないとの表面的な捉えに留まって理解しているケースがあるとの指摘をいただくことがありますが、本来の趣旨は既に述べたとおりです。改めて、学習評価は子供の学習状況を把握し指導や学習の改善に生かしていくものであるという本質を確認した上で、その信頼性・妥当性を高めていくことが重要であることを共有しておきたいと思います。

次に、2点目です。「主体的に学習に取り組む態度をどう評価すればよいのか」という方法論に終始した質問をいただくこともあります。「指導と評価の一体化」というと、とかく「評価した結果を指導に生かす」という点に目が向きがちですが、「指導したことを評価する」という点にも目を向けることが大切です。すなわち「指導していないことは評価できない」ということです。この点について、31報告では次のように述べています。

**○ それぞれの観点別学習状況の評価を行っていく上では、児童生徒の学習状況を適切に評価することができるよう授業デザインを考えていくことは必要不可欠である。特に、「主体的に学習に取り組む態度」の評価に当たっては、児童生徒が自らの理解の状況を振り返ることができるような発問の工夫をしたり、自らの考えを記**

**述したり話し合ったりする場面、他者との協働を通じて自らの考えを相対化する場面を単元や題材などの内容のまとまりの中で設けたりするなど、「主体的・対話的で深い学び」の視点からの授業改善を図る中で、適切に評価できるようにしていくことが重要である。**

「子供は教師の鏡である」と言われることがあります。「指導と評価の一体化」の観点からは、「評価は指導の鏡」と捉えることができるかもしれません。指導計画の作成に当たっては、学習評価を見据えて、子供たちが育成を目指す資質・能力を発揮する姿をイメージしながら、指導する場面や学習を促す場面を構想していくことが大切です。

## ［2］学校全体としての取組の重要性

これまで「主体的に学習に取り組む態度」の評価に際しての留意点を述べてきました。

実際に、どのような方法で学習評価を行うかは文部科学省からの関連の通知を踏まえつつ、各学校において創意工夫を生かして取組を進めていただくこととなりますが、学校としての評価の信頼性・妥当性を高める観点からは、学校全体としての組織的・計画的な取組が欠かせませんし、学習評価に関連する様々な資料を参照することも大切です。例えば、国立教育政策研究所より公表されている「『指導と評価の一体化』のための学習評価に関する参考資料」、各教育委員会や教育センターで作成している参考資料、各教科等の研究会で蓄積された実践的な資料、民間の出版社が発行する書籍など多様な情報があろうかと思います。各学校の実態に応じて、適切に情報を取捨選択しながら学習評価の信頼性や妥当性を高める取組を進めていただきたいと考えています。

## 5 各学校における取組への期待

本稿では「主体的に学習に取り組む態度」をテーマに、「生涯学習の基盤を培う」という「主体的に学習に取り組む態度」がもつ意義や、実際の評価に際しての留意点について述べてきました。

学習指導要領で育成を目指す資質・能力の三つの柱について、それに先立つ中央教育審議会答申では、(生きて働く「知識・技能」の習得)、(未知の状況にも対応できる「思考力・判断力・表現力等」の育成)、(学びを人生や社会に生かそうとする「学びに向かう力・人間性等」の涵養）とし、その重要性を指摘していますが、このことは生涯学習の基盤を培うことを考える上でも非常に重要です。

本稿で扱う「主体的に学習に取り組む態度」は、この「学びに向かう力・人間性等」に関わるものですが、こうした態度は様々な教科等の文脈において、それぞれの学習過程に沿って主体的に学習に参画する経験を積み重ねる中で、次第に確かなものとして涵養されていくものと考えられます。

最後となります。今次学習指導要領のねらいの一つは、「『生きる力』の理念の具体化」とされています。この「生きる力」は平成8年の「21世紀を展望した我が国の教育の在り方について」（中央教育審議会　第一次答申）において提唱されました。

**我々はこれからの子供たちに必要となるのは、いかに社会が変化しようと、自分で課題を見つけ、自ら学び、自ら考え、主体的に判断し、行動し、よりよく問題を解決する資質や能力であり、また、自らを律しつつ、他人とともに協調し、他人を思いやる心や感動する心など、豊かな人間性であると考えた。たくましく生きるための健康や体力が不可欠であることは言うまでもない。我々は、こうした資質や能力を、**

**変化の激しいこれからの社会を［生きる力］と称することとし、これらをバランスよくはぐくんでいくことが重要であると考えた。**

子供たちは学校での学びを終えた後、やがて大人となり社会に参画していきます。上記答申が述べる「いかに社会が変化しようと、自分で課題を見つけ、自ら学び、自ら考え、主体的に判断し、行動し、よりよく問題を解決する資質や能力」は、私たち学校関係者としては、ぜひとも子供たち全員に身に付けて卒業してほしいと願う資質・能力ではないでしょうか。

学校の教育活動の核となるのは「授業」です。日々の授業を通して、子供たち一人一人にこれからの社会を生きるために必要な資質・能力を育成していく。こうした学校教育の醍醐味を読者の皆様と共有するとともに、それぞれの立場での子供たちの学びを支える取組の充実と皆様の御活躍を祈念し、本稿の筆をおきたいと思います。

Ⅰ章

# 主体的に学習に取り組む態度の育成と学習評価

## 1　学力の重要な要素としての主体的に学習に取り組む態度

学習指導要領の改訂に当たり、中央教育審議会「幼稚園、小学校、中学校、高等学校及び特別支援学校の学習指導要領等の改善及び必要な方策等について（答申）」（平成28年12月21日、4頁、以下「28答申」）では、次のように述べられています。

**特に学力については、「ゆとり」か「詰め込み」かの二項対立を乗り越え、いわゆる学力の三要素、すなわち学校教育法第30条第2項に示された「基礎的な知識及び技能」、「これらを活用して課題を解決するために必要な思考力、判断力、表現力その他の能力」及び「主体的に学習に取り組む態度」から構成される「確かな学力」のバランスのとれた育成が重視されることとなった。**

学校教育法は、平成18年12月に改正され、平成19年6月に公布されました。そこでは、学力の三つの要素について、法律として以下のように示しています（傍線は引用者）。

**第三十条**

**2　前項の場合においては、生涯にわたり学習する基盤が培われるよう、基礎的な知識及び技能を習得させるとともに、これらを活用して課題を解決するために必要な思考力、判断力、表現力その他の能力をはぐくみ、主体的に学習に取り組む態度を養うことに、特に意を用いなければならない。**

**＊第四十九条で中学校、第六十二条で高等学校、第七十条で中等教育学校に準用**

「知識及び技能」「思考力、判断力、表現力等」「主体的に学習に取り組む態度」は、法律によって、学力の要素として規定されました。

学習指導要領では、次の図1に示している資質・能力の三つの柱の育成を目指しています。この資質・能力の三つの柱は、学習指導要領の各教科の目標に続いて、〈知識及び技能〉〈思考力、判断力、表現力等〉〈学びに向かう力、人間性等〉として示されています。

〈学びに向かう力、人間性等〉は、解説総則編（平成29年7月、小学校94頁）には、次のように示されています。

### 学習指導要領が育成を目指す資質・能力の三つの柱

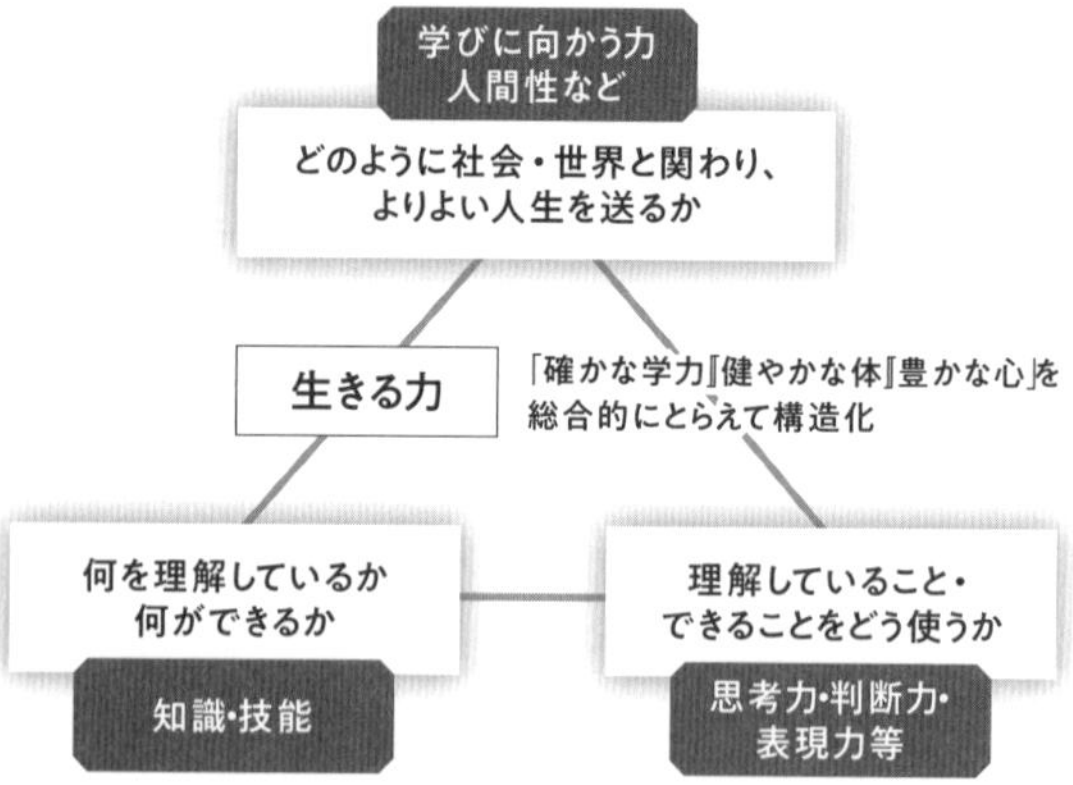
学びに向かう力
人間性など
どのように社会・世界と関わり、
よりよい人生を送るか
生きる力
「確かな学力」「健やかな体」「豊かな心」を
総合的にとらえて構造化
何を理解しているか
何ができるか
知識・技能
理解していること・
できることをどう使うか
思考力・判断力・
表現力等

**資質・能力の三つの柱の一つである「学びに向かう力、人間性等」には①「主体的に学習に取り組む態度」として観点別学習状況の評価（学習状況を分析的に捉える）を通じて見取ることができる部分と、②観点別学習状況の評価や評定にはなじまず、こうした評価では示しきれないことから個人内評価（個人のよい点や可能性、進歩の状況について評価する）を通じて見取る部分があることにも留意する必要がある。**

主体的に学習に取り組む態度は、学校教育で育成すべき資質・能力（学力）の重要な要素として、観点別学習状況の評価の観点とすることが求められています。

## 2 「主体的に学習に取り組む態度」の評価規準の作成に向けて

学習指導要領の各教科・科目の「第1目標」には、教科全体の目標のみでなく、(1)〈知識及び技能〉(2)〈思考力、判断力、表現力等〉(3)〈学びに向かう力、人間性等〉が示されています。

各教科・科目の目標を実現させるために、各教科・科目の「2 内容」に示されている指導「事項」を、それぞれの単元における評価の観点とします。

31報告では、学校教育で育成すべき資質・能力を各教科等の単元の観点別学習状況の評価規準として、「知識・技能」「思考・判断・表現」「主体的に学習に取り組む態度」の三観点を設定し、次の図2のように示しています。

31報告では、「主体的に学習に取り組む態度」の基本的な考え方を、次のように示しています(10頁)。

**「主体的に学習に取り組む態度」の評価に際しては、単に継続的な行動や積極的な発言等を行うなど、性格や行動面の傾向を評価するということではなく、各教科等の**

## 各教科における評価の基本構造

・各教科における評価は、学習指導要領に示す各教科の目標や内容に照らして学習助教を評価するもの（目標準拠評価）
・目標準拠評価とはいわゆる絶対評価であり、集団内での相対的な位置付けを評価するいわゆる相対評価とは異なる

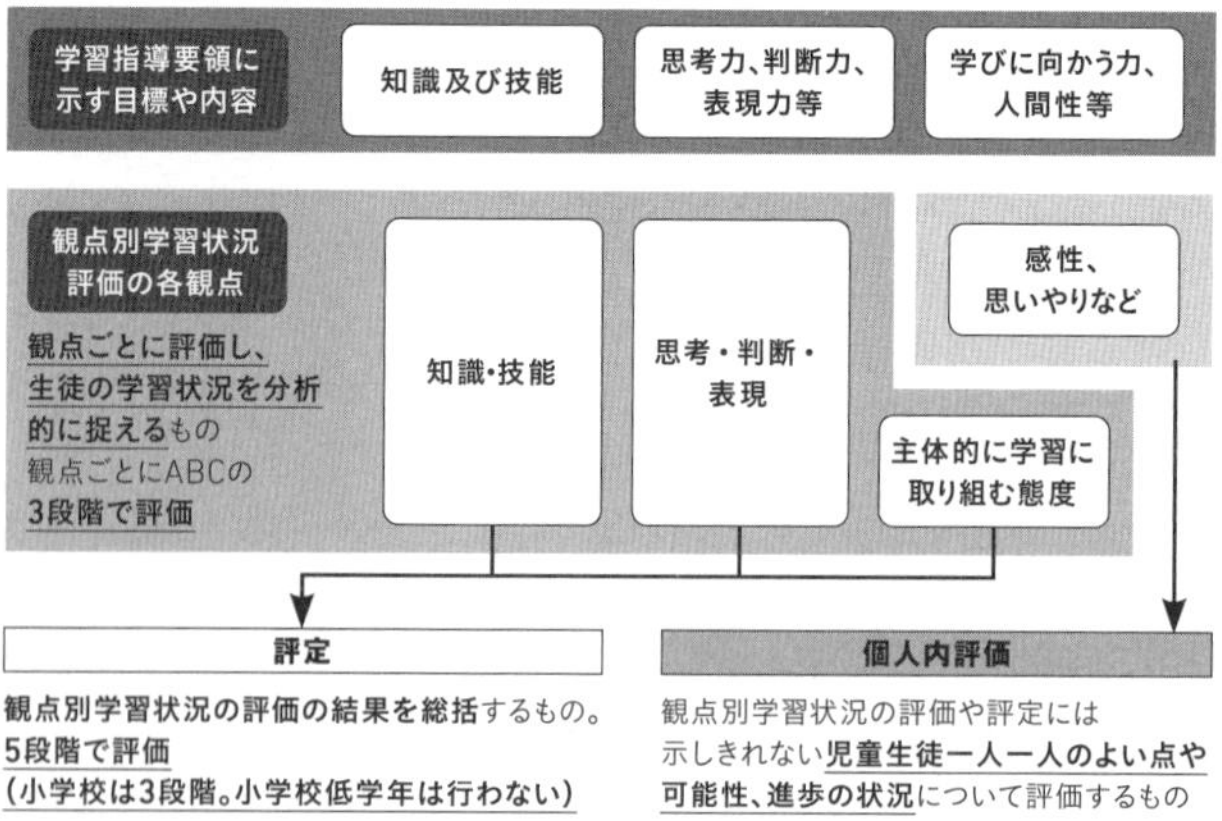
学習指導要領に示す目標や内容
知識及び技能
思考力、判断力、表現力等
学びに向かう力、人間性等
観点別学習状況評価の各観点
観点ごとに評価し、生徒の学習状況を分析的に捉えるもの
観点ごとにABCの3段階で評価
知識・技能
思考・判断・表現
主体的に学習に取り組む態度
感性、思いやりなど
評定
観点別学習状況の評価の結果を総括するもの。
5段階で評価
（小学校は3段階。小学校低学年は行わない）
個人内評価
観点別学習状況の評価や評定には示しきれない児童生徒一人一人のよい点や可能性、進歩の状況について評価するもの

**「主体的に学習に取り組む態度」に係る評価の観点の趣旨に照らして、知識及び技能を獲得したり、思考力、判断力、表現力等を身に付けたりするために、自らの学習状況を把握し、学習の進め方について試行錯誤するなど自らの学習を調整しながら、学ぼうとしているかどうかという意思的な側面を評価することが重要である。**

重要なのは、「主体的に学習に取り組む態度」は、〈知識及び技能〉と〈思考力、判断力、表現力等〉に関わる内容であるということが理解できるでしょう。

さらに、31報告では、次のようにも示しています（11頁）。

**○本観点に基づく評価としては、「主体的に学習に取り組む態度」に係る各教科等の評価の観点の趣旨に照らし、**

**①知識及び技能を獲得したり、思考力、判断力、表現力等を身に付けたりすることに向けた粘り強い取組を行おうとする側面と、**

**②①の粘り強い取組を行う中で、自らの学習を調整しようとする側面、**

**という二つの側面を評価することが求められる。**

以上のことから、「主体的に学習に取り組む態度」は、育成すべき資質・能力としての〈知識及び技能〉を獲得したり、〈思考力、判断力、表現力等〉を身に付けたりすることと深く関わっていることが認められます。したがって、「主体的に学習に取り組む態度」を、〈知識及び技能〉〈思考力、判断力、表現力等〉と切り離した内容にすることはできません。

当該単元で取り上げる〈知識及び技能〉と〈思考力、判断力、表現力等〉の内容は、学習指導要領の「2　内容」に示されている指導「事項」の中から、育成すべき資質・能力を取り上げ、指導「事項」の文言をそのまま用いることになります。

学習指導要領は、日本の義務教育における教育の機会均等を保障するものです。日本中の各学校、各学年、各教科の学習において育成すべき資質・能力の基礎となる内容が、学習指導要領には示されています。各学校の授業では、学習指導要領に示されている資質・能力の育成を図ることが求められているのです。

「2 内容」には、〔知識及び技能〕と〔思考力、判断力、表現力等〕（教科によっては、この構成ではない教科もある）が示されていますが、「主体的に学習に取り組む態度」は、学習指導要領には具体として示されていません。

そこで、単元の評価規準として、〔知識及び技能〕と〔思考力、判断力、表現力等〕を基にした「主体的に学習に取り組む態度」の作成が、各単元で求められるのです。

学習指導要領の各学年・分野・科目に、「2 内容」として〔知識及び技能〕と〔思考力、判断力、表現力等〕が示されている教科は、小学校では、国語、社会、算数、外国語・外国語活動、中学校では、国語、社会（一部「知識」のみ）、数学、外国語、です。

それ以外の教科は、「2 内容」が、〔知識及び技能〕と〔思考力、判断力、表現力等〕でない場合や、教科独自の構成になっています。これらの教科においては、国立教育政策研究所教育課程センター『「指導と評価の一体化」のための学習評価に関する参考資料』（令和2年3月、以下「学習評価に関する参考資料」）の各教科の第2編にある「各教科等における『主体的に学習に取り組む態度』の作成のポイント」を参考にして、各単元の評価規準を作成することが求められます。

「2 内容」とは異なる「主体的に学習に取り組む態度」を作成すると、学習指導要領が求める教育の機会均等を保障することができなくなります。特に、中学校においては、学習指導要領に示されている内容に合わせた「主体的に学習に取り組む態度」の評価規準の作成を行わないと、学習評価の妥当性や信頼性がなくなり、高校入試における調査書の公平性を担保することが難しくなるでしょう。

## 3 各教科等における「主体的に学習に取り組む態度」の評価規準の作成

「学習評価に関する参考資料」の各教科の第2編には「内容のまとまりごとの評価規準」を作成する際の手順が示され、「主体的に学習に取り組む態度」のポイントが、小学校と中学校の各教科で、それぞれ以下のように示されています。

【小学校】

**国語科**

・第1編で説明されているように、①知識及び技能を獲得したり、思考力、判断力、表現力等を身に付けたりすることに向けた粘り強い取組を行おうとする側面と、②①の粘り強い取組を行う中で、自らの学習を調整しようとする側面の双方を適切に評価できる評価規準を作成する。文末は「〜しようとしている。」とする。「学年別の評価の観点の趣旨」においては、主として、①に関しては「言葉を通じて積極的に人と関わったり」、②に関しては「思いや考えをもったりしながら(思いや考えをまとめたりしながら)、(思いや考えを広げたりしながら)」が対応する。①、②を踏まえ、当該単元で育成する資質・能力と言語活動に応じて文言を作成する。

**社会科**

・「主体的に学習に取り組む態度」については、学習指導要領に示す「2 内容」に「学びに向かう力、人間性等」に関わる事項が示されていないことから、学年目標や観点の趣旨を基に評価規準を設定する。ここでは、目標に示されている、「主体的に問題解決する態度」と「よりよい社会を考え学習したことを社会生活に生かそうとする態度」について「主体的に問題解決しようとしている」かどうかと「よりよい社会を考え学習したことを社会生活に生かそうとしている」かどうかの学習状況として表し、評価規準を設定する。

**算数科**

・当該学年目標の（3）の主体的に学習に取り組む態度の「観点の趣旨」をもとに、指導事項を踏まえて、その文末を「〜している」として、評価規準を作成する。

**理科**

・「主体的に学習に取り組む態度」についての「内容のまとまりごとの評価規準」は、学習指導要領の「2 内容」に育成を目指す資質・能力が示されていないことから、「学年・分野別の評価の観点の趣旨」の「…についての事物・現象に進んで関わり、他者と関わりながら問題解決しようとしているとともに、学んだことを学習や生活に生かそうとしている」を用いて作成する。

**生活科**

・②において、「実際に行われる学習活動（太実線）に続き、「破線」部分の記載事項の文末を、「したりしようとする」から「したりしようとしている」とすることにより、「内容のまとまり」に対応する評価規準を作成することが可能である。

内容（※）

＊＊＊＊＊＊を通して、＊＊＊＊＊＊＊＊＊＊＊＊＊ついて考えることができ、＊＊＊＊

＊＊＊＊＊＊が分かり、＊＊＊＊＊＊＊＊＊＊＊したりしようとする。

**音楽科**

・当該学年の「評価の観点の趣旨」の内容を踏まえて作成する。「評価の観点の趣旨」の文頭部分「音や音楽に親しむことができるよう」は、「主体的に学習に取り組む態度」における音楽科の学習の目指す方向性を示している文言であるため、「内容のまとまりごとの評価規準」としては設定しない。

・「評価の観点の趣旨」の「表現及び鑑賞」の部分は、扱う領域や分野に応じて「歌唱」「器楽」「音楽づくり」「鑑賞」より選択して置き換える。なお、「学習活動」とは、その題材における「知識及び技能」の習得や「思考力、判断力、表現力等」の育成に係る学習活動全体を指している。

・「評価の観点の趣旨」の「楽しみながら」の部分は、「主体的・協働的に」に係る言葉であり、単に活動を「楽しみながら」取り組んでいるかを評価するものではない。あくまで、主体的・協働的に取り組む際に「楽しみながら」取り組めるように指導を工夫する必要があることを示唆しているものである。

**図画工作科**

・「主体的に学習に取り組む態度」は、当該学年の「観点の趣旨」を踏まえて作成する。
・「表現したり鑑賞したりする学習活動」を「表現する学習活動」とする。

**家庭科**

・「主体的に学習に取り組む態度」については、基本的には、当該指導項目で扱う指導事項ア及びイと教科の目標、評価の観点及びその趣旨を踏まえて作成する。その際、対象とする指導内容は、指導項目の名称を用いて示すこととする。具体的には、①粘り強さ（知識及び技能を獲得したり、思考力、判断力、表現力等を身に付けたりすることに向けた粘り強い取組を行おうとする側面）、②自らの学習の調整（①の粘り強い取組を行う中で、自らの学習を調整しようとする側面）に加え、③実践しようとする態度を含めることを基本とし、その文末を「～について、課題の解決に向けて主体的に取り組んだり（①）、振り返って改善したり（②）して、生活を工夫し、実践しようとしている（③）」として、評価規準を作成する。

**体育科**

・「主体的に学習に取り組む態度」については、学習指導要領の内容の「(3) 運動遊びに進んで取り組み、順番やきまりを守り誰とでも仲よく運動をしたり、場や器械・器具の安全に気を付けたりすること。」のすべてが該当し、評価規準は、「運動遊びに進んで取り組もうとし、順番やきまりを守り誰とでも仲よく運動をしようとしていたり、場や器械・器具の安全に気を付けたりしている。」として作成することができる。

**外国語活動・外国語科**

・「主体的に学習に取り組む態度」は、外国語の背景にある文化に対する理解を深め、他者に配慮しながら、主体的に外国語を用いてコミュニケーションを図ろうとしている状況を評価する。

―「聞くこと」は、コミュニケーションを行う目的や場面、状況などに応じて、自分のことや身近で簡単な事柄についての簡単な語句や基本的な表現、日常生活に関する身近で簡単な事柄についての具体的な情報を聞き取ったり、日常生活に関する身近で簡単な事柄についての短い話の概要を捉えたりしようとしている状況を評価する。

―「読むこと」は、コミュニケーションを行う目的や場面、状況などに応じて、活字体で書かれた文字を識別し、その読み方（名称）を発音しようとしている状況や、音声で十分に慣れ親しんだ簡単な語句や基本的な表現を読んで意味を分かろうとしている状況を評価する。

－「話すこと［やり取り］」は、コミュニケーションを行う目的や場面、状況などに応じて、指示、依頼をしたり、それらに応じたりしようとしている状況や、日常生活に関する身近で簡単な事柄についての自分の考えや気持ちなどを伝え合おうとしている状況、自分や相手のこと及び身の回りの物に関する事柄について、その場で質問をしたり質問に答えたりして、伝え合おうとしている状況を評価する。

－「話すこと［発表］」は、コミュニケーションを行う目的や場面、状況などに応じて、日常生活に関する身近で簡単な事柄や自分のことについて話そうとしている状況や、身近で簡単な事柄についての自分の考えや気持ちなどを話そうとしている状況を評価する。

－「書くこと」は、コミュニケーションを行う目的や場面、状況などに応じて、大文字、小文字を活字体で書こうとしている状況や、音声で十分に慣れ親しんだ簡単な語句や基本的な表現を書き写そうとしている状況、自分のことや身近で簡単な事柄について、音声で十分に慣れ親しんだ簡単な語句や基本的な表現を用いて書こうとしている状況を評価する。

・以上の側面と併せて、言語活動への取組に関して見通しを立てたり振り返ったりして自らの学習を自覚的に捉えている状況についても、特定の領域・単元だけではなく、年間を通して評価する。

**【中学校】**

**国語科**

・第１編で説明されているように、①知識及び技能を獲得したり、思考力、判断力、表現力等を身に付けたりすることに向けた粘り強い取組を行おうとする側面と、②①の粘り強い取組を行う中で、自らの学習を調整しようとする側面の双方を適切に評価できる評価規準を作成する。文末は「～しようとしている。」とする。「学年別の評価の観点の趣旨」においては、主として、①に関しては「言葉を通じて積極的に人と関わったり」、②に関しては「思いや考えを確かなものにしたりしながら（思いや考えを広げたり深めたりしながら）」が対応する。①、②を踏まえ、当該単元で育成する資質・能力と言語活動に応じて文言を作成する。

**社会科**

・「主体的に学習に取り組む態度」については、学習指導要領に示す「2 内容」に「学びに向かう力、人間性等」に関わる事項が示されていないことから、「内容のまとまりごとの評価規準」を作成する場合、「分野別の評価の観点及びその趣旨」における「主体的に学習に取り組む態度」を基に、「内容のまとまりごとの評価規準」を作成する。

・その際、「評価の観点及びその趣旨」の冒頭に示された「…について」の部分は、この「内容のまとまり」で対象とする、学習指導要領上の「諸事象」を当てはめることとし、「よりよい社会の実現を視野にそこで見られる課題を主体的に追究(、解決)しようとしている(地理的分野・歴史的分野)」か、「現代社会に見られる課題の解決を視野に主体的に社会に関わろうとしている(公民的分野)」かどうかの学習状況として表すこととする。

**数学科**

・基本的に、当該学年の「主体的に学習に取り組む態度」の観点の趣旨をもとに、当該「内容のまとまり」で育成を目指す「知識及び技能」や「思考力、判断力、表現力等」の指導事項等を踏まえ、その文末を「〜している」として評価規準を作成する。

※なお、各学年の統計に関わる「内容のまとまり」については、その文末に「多様な考えを認め、よりよく問題解決しようとしている（1年：多面的に捉え考えようとしている）」などを加えて評価規準を作成する。

**理科**

・「主体的に学習に取り組む態度」については、学習指導要領の「2 内容」に育成を目指す資質・能力が示されていないことから、「分野別の評価の観点の趣旨」（第1分野）の冒頭に記載されている「物質やエネルギーに関する事物・現象」を「（大項目名）に関する事物・現象」に代えて、「内容のまとまりごとの評価規準」を作成する。

**音楽科**

・当該学年の「評価の観点の趣旨」に基づいて作成する。
・「評価の観点の趣旨」の文頭部分「音や音楽、音楽文化に親しむことができるよう」は、「主体的に学習に取り組む態度」における音楽科の学習の目指す方向性を示している文言であるため、「内容のまとまりごとの評価規準」としては設定しない。
「評価の観点の趣旨」の「表現及び鑑賞」の部分は、学習内容に応じて、該当する領域や分野に置き換える。なお、「学習活動」とは、その題材における「知識及び技能」の習得や

「思考力、判断力、表現力等」の育成に係る学習活動全体を指している。「評価の観点の趣旨」の「楽しみながら」は、「主体的・協働的に」に係る文言であり、「楽しみながら取り組んでいるか」を評価するものではない。あくまで、主体的・協働的に取り組む際に「楽しみながら」取り組めるように指導を工夫する必要があることを示唆しているものである。

**美術科**

「主体的に学習に取り組む態度」については、第1学年の評価の観点及びその趣旨を「美術の創造活動の喜びを味わい楽しく表現及び鑑賞の学習活動に取り組もうとしている」としており、題材において設定した「知識及び技能」や「思考力、判断力、表現力等」の資質・能力を、生徒が学習活動の中で楽しく身に付けようとしたり、発揮しようとしたりすることへ向かう態度を評価することになる。その際、よりよい表現を目指して構想や技能を工夫改善し、粘り強く取り組む態度などに着目する事が大切である。ここでは、第1学年の「感じ取ったことや考えたことなどを基にした表現」の「内容のまとまり」を例にしているので、当該学年の評価の観点及びその趣旨と「A表現」の「内容のまとまり」に応じて評価規準を作成することができる。その際、評価の観点及びその趣旨に示されている「創造活動の喜び」は、

「知識及び技能」と「思考力、判断力、表現力等」が相互に関連する中で味わうものであることに留意する必要がある。

**保健体育科**

・学習指導要領の(3)で育成を目指す資質・能力に該当する指導内容について、その文末を「〜している」として、評価規準を作成する。

**技術・家庭科**

・この観点は粘り強さ(知識及び技能を獲得したり、思考力、判断力、表現力等を身に付けたりすることに向けた粘り強い取組を行おうとしている側面)、自らの学習の調整（粘り強い取り組みの中で自らの学習を調整しようとする側面）に加え、これらの学びの経験を通して涵養された、技術を工夫し創造しようとする態度について評価する。

・ここでの評価規準は、基本的には、分野の観点の趣旨に基づき、当該項目の指導事項ア、イに示された資質・能力を育成する学習活動を踏まえて、文末を「〜しようとしている」として作成する。

・この観点で評価する資質・能力については、各内容における（2）及び内容の「D情報の技術」の(3)に関する「内容の取扱い」に、「知的財産を創造、保護及び活用しようとする態度」及び「他者と協働して粘り強く物事を前に進める態度」が示されており、これらについても配慮する必要がある。

・この観点の評価規準は、一連の学習過程で育成される資質・能力の関連に配慮し整理することが大切である。例えば、各内容における（1）で身に付ける「知識及び技能」や「思考力、判断力、表現力等」の資質・能力は、各内容における（2）及び内容の「D情報の技術」の（3）の「技術による問題の解決」の学習に生かされるものであることから、各内容の（1）では「主体的に技術について考え、理解しようとする態度」について評価することが考えられる。

**外国語科**

・「主体的に学習に取り組む態度」は、外国語の背景にある文化に対する理解を深め、聞き手、読み手、話し手、書き手に配慮しながら、主体的に外国語を用いてコミュニケーションを図ろうとしている状況を評価する。

・具体的には、「話すこと［やり取り］」、「話すこと［発表］」、「書くこと」は、日常的な話題や社会的な話題などについて、目的や場面、状況などに応じて、事実や自分の考え、気持ちなどを、簡単な語句や文を用いて、話したり書いたりして表現したり伝えあったりしようとしている状況を評価する。

・「聞くこと」、「読むこと」は、コミュニケーションを行う目的や場面、状況などに応じて、日常的な話題や社会的な話題などについて話されたり書かれたりする文章を聞いたり読んだりして、必要な情報や概要、要点を捉えようとしている状況を評価する。

・上記の側面と併せて、言語活動への取組に関して見通しを立てたり振り返ったりして自らの学習を自覚的に捉えている状況についても、特定の領域・単元だけではなく、年間を通じて評価する。

「学習評価に関する参考資料」には、各教科における「主体的に学習に取り組む態度」の教科の特徴を基にした作成のポイントが示されています。教科の独自性や特徴に合わせるとともに、31報告で示されている「主体的に学習に取り組む態度」作成の原則として示されている『知識及び技能』を獲得したり、『思考力、判断力、表現力等』を身に付けたりすることに向けた」内容として、評価規準を作成することが重要となります。この原則を基に評価規準が作成されないと、様々に異なる「主体的に学習に取り組む態度」が作成されることになり、学習評価の規準性と公平性が担保できなくなるのです。

## 4 いつ、どのように「主体的に学習に取り組む態度」の評価を行うか

観点別学習状況の評価では、評価は毎回の授業で全ての観点を評価するのではなく、単元や題材などのまとまりの中で、指導内容に照らして「知識・技能」「思考・判断・表現」「主体的に学習に取り組む態度」の評価を適切に位置付けることを求めています。

先述したように、当該単元の評価規準を実現するためには、「知識及び技能」と「思考力、判断力、表現力等」を育成する学習を行ったことを前提として、「主体的に学習に取り組む態度」の評価が行われなければなりません。「主体的に学習に取り組む態度」の評価は、「関心・意欲・態度」の評価とは異なり、「知識・技能」や「思考・判断・表現」の評価より前に行うことはありません。

31報告では、次のように示しています(13頁)。

**仮に、単元末や学期末、学年末の結果として算出された評価の結果が「知識・技能」、「思考・判断・表現」、「主体的に学習に取り組む態度」の各観点について、「CCA」や「AAC」といったばらつきのあるものとなった場合には、児童生徒の実態や教師の授**

**業の在り方などそのばらつきの原因を検討し、必要に応じて、児童生徒への支援を行い、児童生徒の学習や教師の指導の改善を図るなど速やかな対応が求められる。**

「主体的に学習に取り組む態度」は、原則「知識・技能」と「思考・判断・表現」と切り離して考えることはできないことが、ここにも認められます。

31報告では、次のようにも示しています(11頁)。

**例えば、①の「粘り強い取組を行おうとする側面」が十分に認められたとしても、②の「自らの学習を調整しようとしている側面」が認められない場合には、「主体的に学習に取り組む態度」の評価としては、基本的に「十分満足できる」(A)とは評価されないことになる。**

さらに、次のようにも指摘しています(12頁)。

**「主体的に学習に取り組む態度」の評価は、知識及び技能を習得させたり、思考力、**

**判断力、表現力等を育成したりする場面に関わって、行うものであり、その評価の結果を、知識及び技能の習得や思考力、判断力、表現力等の育成に関わる教師の指導や児童生徒の学習の改善にも生かすことによりバランスのとれた資質・能力の育成を図るという視点が重要である。すなわち、この観点のみを取り出して、例えば挙手の回数など、その形式的態度を評価することは適当ではなく、他の観点に関わる児童生徒の学習状況と照らし合わせながら学習や指導の改善を図ることが重要である。**

ここまでにも何度も述べているように、「主体的に学習に取り組む態度」の評価は、「知識及び技能を習得させたり、思考力、判断力、表現力等を育成したりする場面に関わって、行うもの」であることが重要であり、このことをきちんと認識しておくことが求められます。

## 5 「主体的に学習に取り組む態度」の評価の方法

「主体的に学習に取り組む態度」の評価は、各教科等の特質に応じて、「知識・技能」や「思考・判断・表現」の観点の状況を踏まえた上で、児童生徒の発達の段階や一人一人の個性を十分に考慮しながら学習評価を行う必要があります。

そのためには、単元の学習の中で「知識・技能」や「思考・判断・表現」の学習状況を適切に評価できるよう授業デザインをすることが重要となります。そのことについて、31報告では、次のように示しています（13～14頁）。

**「主体的に学習に取り組む態度」の評価に当たっては、児童生徒が自らの理解の状況を振り返ることができるような発問の工夫をしたり、自らの考えを記述したり話し合ったりする場面、他者との協働を通じて自らの考えを相対化する場面を単元や題材などの内容のまとまりの中で設けたりするなど、「主体的・対話的で深い学び」の視点からの授業改善を図る中で、適切に評価できるようにしていくことが重要である。**

このような授業を行うためには、中央教育審議会「令和の日本型学校教育」の構築を目指して～全ての子供たちの可能性を引き出す、個別最適な学びと、協働的な学びの実現～（答申）」（令和3年1月26日）にも示されている「個別最適な学び」と「協働的な学び」の一体的な充実を図ることを通し、学習者中心の「主体的・対話的で深い学び」の実現に向けた授業改善を行うことが求められます。

現行の学習指導要領では、「第3　教育課程の実施と学習評価」「1　主体的・対話的で深い学びの実現に向けた授業改善」(小学校22頁、中学校24頁)に、学習の見通しと振り返りの活動を取り入れることを求めています。

**(4)　児童(生徒)が学習の見通しを立てたり学習したことを振り返ったりする活動を、計画的に取り入れるように工夫すること。**

これまでの授業の過程は、主に教師が考えて行っていました。各単元の授業においては、「何を学ぶか」「どのように学ぶか」は示されてきたものの、授業の初めに「何ができるようになるか」を示さずに授業が行われる場合もありました。

31報告には、次のような指摘があります(14頁)。

**○　これまで、評価規準や評価方法等の評価の方針等について、必ずしも教師が十分に児童生徒等に伝えていない場合があることが指摘されている。しかしながら、**

どのような方針によって評価を行うのかを事前に示し、共有しておくことは、評価の妥当性・信頼性を高めるとともに、児童生徒に各教科等において身に付けるべき資質・能力の具体的なイメージをもたせる観点からも不可欠であるとともに児童生徒に自らの学習の見通しをもたせ自己の学習の調整を図るきっかけとなることも期待される。

○ また、児童生徒に評価の結果をフィードバックする際にも、どのような方針によって評価したのかを改めて共有することも重要である。

その際、児童生徒の発達の段階にも留意した上で、児童生徒用に学習の見通しとして学習の計画や評価の方針を事前に示すことが考えられる。特に小学校低学年の児童に対しては、学習の「めあて」などのわかり易い言葉で伝えたりするなどの工夫が求められる。

ここに示されているのは、「何ができるようになるか」を、児童生徒に単元の授業の初めに示し、授業で身に付けるべき資質・能力の内容を理解して授業に臨むことを求めているということです。

これまでの学習評価は、授業を受けた結果としてのものが多く、授業中に児童生徒をほめたり励ましたりする評価はあったものの、学習の過程を対象とした学習評価はあまり行われてきませんでした。その典型は、中間試験や期末試験による学習評価と言えるでしょう。

単元の授業の初めに見通しとして、学習評価の内容を学習主体である児童生徒と共有することで、授業を通して児童生徒が身に付けるべき資質・能力の対象を明確にすることができます。

授業を通して身に付けるべき資質・能力を児童生徒に対して提示するには、「学びのプラン」が必要になります。「学びのプラン」とは、児童生徒の視座から授業過程の全体像を示したもので、これまで学習指導案として教師の視座から作成していたものを転換し、児童生徒の視座から作成したものが求められる時代となりました。

指導する内容を教師の視座から書いたものが学習指導案であるのに対し、「学びのプラン」は、児童生徒の視座から、「何を学ぶか」「どのように学ぶか」「何ができるようになるか」という学習過程と評価内容とを示したものです。教師は「学びのプラン」を用いて、資質・能力の内容と学習過程、評価内容、評価方法を具体的に分かりやすく、児童生徒に示すことができます。これまで当たり前とされてきた教師が主語の授業から、児童生徒を主語とした授業への転換を行うために「学びのプラン」は機能するのです。

## 6 学習評価のパラダイムシフト

学習評価とは、成績を付けたり、序列を付けたりすることと捉えられることが、これまでは多かったのではないでしょうか。1980年代から、学習評価という用語は、それまでのEvaluation（値踏みする）からAssessment（支援する）に置き換えられるようになりました。

Assessmentとしての学習評価は、一人一人の子供の資質・能力を意味付け、価値付けることであり、学習評価によって児童生徒一人一人が自分のよさに気付くことでもあります。

文部科学省初等中等教育局長「小学校、中学校、高等学校、及び特別支援学校等における児童生徒の学習評価及び指導要録の改善等について（通知）」（平成31年3月29日、以下「31通知」）では、「学習評価の基本的な考え方」について、次のように示しています（2頁）。

**(1)カリキュラム・マネジメントの一環としての指導と評価**

**「学習指導」と「学習評価」は学校の教育活動の根幹であり、教育課程に基づいて組織的かつ計画的に教育活動の質の向上を図る「カリキュラム・マネジメント」の中核的な役割を担っていること。**

**(2)主体的・対話的で深い学びの視点からの授業改善と評価**

**指導と評価の一体化の観点から、新学習指導要領で重視している「主体的・対話的で深い学び」の視点からの授業改善を通して各教科等における資質・能力を確実に育成する上で、学習評価は重要な役割を担っていること。**

成績を付けることを意味していた評価から、授業を通して資質・能力の育成を図ることを意味する学習評価へと転換を求めていることが分かります。

学習指導要領の趣旨を実現するためには、学習評価の在り方が極めて重要な課題となっています。指導と評価の一体化を実現することにより、学習評価が意味あるものとして、学校教育に機能しなければなりません。

31通知では、次のように示しています(3頁)。

**【1】児童生徒の学習改善につながるものにしていくこと**
**【2】教師の指導改善につながるものにしていくこと**
**【3】これまで慣行として行われてきたことでも、必要性・妥当性が認められないものは見直していくこと**

学習評価では、教育活動の成果を的確に捉え、指導の改善を図ることが求められます。児童生徒が自らの学びをさらに伸長するためには、学習評価が極めて重要です。
学習評価を充実させるためには、各学校においてカリキュラム・マネジメントと授業改善とを一貫性をもった形で進めることが求められています。

（髙木展郎）

II章

# 主体的に学習に取り組む態度を育成し、評価する授業とは

## 1　単元・題材を通した授業づくりの重要性

これまで、我が国の授業研究においては、1時間の授業過程を基本とする考え方で授業計画が作成され、そこには「導入・展開・まとめ」という完結した指導の手立てが示されていました。「導入」では本時で学ぶ内容についての診断的な評価を行うとともに児童生徒の興味・関心を喚起し、「展開」ではその時間に計画した内容を指導し、「まとめ」でそれらについて定着を図るとともに次時の学習につなげるといった授業の展開です。このような1時間単位の学習指導案の形式は明治時代に確立したものであり、1時間の授業の中に「予備→提示→比較→総括→応用」というヘルバルトの5段階教授法を組み込んだものから生まれたと考えられます。そしてそれは、指導の手立てや学習の形態、それに向けての教材研究や授業過程の編成等について、教員同士が授業研究の場で学び合うことに一定の役割を果たしてきたことは疑う余地がありません。

〔知識及び技能〕〔思考力、判断力、表現力等〕〔学びに向かう力、人間性等〕の三つの柱で整理された資質・能力には、前述のような1時間の授業過程の中で育成することは難しい面があり、ある一定の長さのスパンで、すなわち単元・題材の中で計画的に育成していく必要があります。それには、単元・題材を通してどのような資質・能力を育成するのかという見通しをもって、単元・題材の学習指導計画を立案することが求められます。資質・能力を育成するための学習活動は、1時間で完結するとは限らず、また、一つの評価規準を実現するために複数時間の学習活動が必要になる場合もあり得ます。そして、「指導と評価の一体化」を図る中で、学習評価についても、「知識・技能」「思考・判断・表現」「主体的に学習に取り組む態度」の三観点の全てを、1時間の授業の中で評価することは不可能です。したがって、年間指導計画に位置付けられた単元・題材の全体を通して、どの資質・能力をどの時点で育成するのかを考え、1時間ごとの授業づくりを行うことが必要です。

## 2 授業における「主体的に学習に取り組む態度」の指導と評価

「主体的に学習に取り組む態度」の評価については、未だにいわゆる「授業態度」であると捉え、授業中の私語の有無、挙手の回数、提出物の提出状況等を評価するというような誤解が払拭しきれていない実情があります。31報告では、「具体的な評価の方法としては、ノートやレポート等における記述、授業中の発言、教師による行動観察や、児童生徒による自己評価や相互評価等の状況を教師が評価を行う際に考慮する材料の一つとして用いることなどが考えられる。その際、各教科等の特質に応じて、児童生徒の発達の段階や一人一人の個性を十分に考慮しながら、「知識・技能」や「思考・判断・表現」の観点の状況を踏まえた上で、評価を行う必要がある。したがって、例えば、ノートにおける特定の記述などを取り出して、他の観点から切り離して「主体的に学習に取り組む態度」として評価することは適切ではないことに留意する必要がある」(13頁)と指摘しています。

31報告に示されているとおり、「主体的に学習に取り組む態度」の評価では、「①知識及び技能を獲得したり、思考力、判断力、表現力等を身に付けたりすることに向けた粘り強い取組を行おうとする側面」と、「②①の粘り強い取組を行う中で、自らの学習を調整しようとする側面」という二つの側面を評価することを求めています。

この「粘り強い取組を行おうとする側面」と「粘り強い取組を行う中で、自らの学習を調整しようとする側面」を適切に評価するためには、児童生徒が「粘り強さ」を発揮するような内容や場面と、「自らの学習を調整」することが必要となるような具体的な学習活動を考えて単元・題材の授業を構想し、評価規準を設定することが必要となります。

## 3 児童生徒が「粘り強さ」を発揮する授業

「行動を一定の方向に向けて生起させ、持続させる過程や機能」を「動機づけ」といい（『現代心理学辞典』559頁、傍線は引用者）、「ある優れた目標を立て、それを卓越した水準で成し遂げようとする動機」を「達成動機」と言います（『現代心理学辞典』498頁）。アトキンソン（Atkinson,J.W.）は達成行動を行う傾向を「達成動機の強さ×期待（成功できそうという見込み）×価値（成功したときの喜び）」という定式で示しており、この式は後の研究によっても支持されています。

アトキンソンの定式に従えば、授業において児童生徒が目標を立て、それを卓越した水準で成し遂げようとする達成動機をもつとともに、「自分（たち）は成功できそうだ」という見込みをもち、成功したときの喜びを味わうことができれば、授業の中での達成行動、ひいては粘り強い取組が行われるようになると考えられます。一方、アトキンソンの定式は「かけ算」ですから、たとえ児童生徒に「達成動機」があったとしても、「期待（成功できそうという見込み）」や「価値（成功したときの喜び）」が0（ゼロ）であった場合は、達成行動を行う傾向も0になってしまいます。その意味で、児童生徒に単元・題材の学びの見通しをもたせる中で、「自分はこういう資質・能力を身に付けるんだ」という達成動機をもたせるとともに「自分は成功できそうだ」という見込み、すなわち「期待」をもたせることがまずは大切です。そのためには、「学びのプラン」によって、その単元・題材において身に付ける資質・能力を明示し、さらにそれらの資質・能力を身に付けるための学習活動を行う時期と内容、そして資質・能力が身に付いたことを評価する評価規準を、児童生徒自身が理解して授業に臨むことが前提となります。そして、学習活動を通して資質・能力を身に付け、「自分は成功することができた」という「価値」を実感した児童生徒は、「自分はある課題や行動を遂行できる」という自己効力感をもつことができます。

バンデューラ（Bandura,A.）によれば、自己効力感は、①遂行行動の達成、②代理的経験、③言語的説得、④情動的喚起の四つの情報源を通じて高められます。教師は単元・題材の授業を通じて、児童生徒が授業における学習課題を実際に遂行して成功を体験する（①）ことができるように授業デザインを構想するとともに、「主体的・対話的で深い学び」に向けて、協調的な学習活動の中で成功している仲間の行動を観察（②）したり、信頼する仲間からの言語的説得（③）を受けたりする場面が生ずるような学習活動を計画することが必要です。そのような学習を通じて児童生徒のメタ認知が高まり、情動的な喚起状態を児童生徒が知覚する(④)ことにより、自己効力感はさらに高まっていきます。

しかし、授業においてこのような自己効力感を得ることができないと、児童生徒は「どうせ自分は何をやっても結果を変えることはできない」と感じてしまいます。これはセリグマン(Seligman,M.E.P)が提唱した「学習性無力感」と呼ばれるもので、「回避や対処が不可能な嫌悪事象を反復して経験することによって、その後の解決可能な課題に関する学習が阻害される現象」(『現代心理学辞典』100頁)です。学習活動において、「課題や対処が不可能な嫌悪事象」となるような失敗や課題の未遂行を経験し、それに対する適切な支援を得ることができなかった児童生徒は、この学習性無力感に陥る可能性があります。教師は、「指導と評価の一体化」の中で学びの状況を把握し、児童生徒の失敗や課題の未遂行が「課題や対処が不可能な嫌悪事象」となるのではなく、「適切な学びの機会」となるような支援を行うことが必要です。

## 4 児童生徒が「自らの学習を調整する」授業

31報告は、「『主体的に学習に取り組む態度』の評価とそれに基づく学習や指導の改善を考える際には、生涯にわたり学習する基盤を培う視点をもつことが重要である。このことに関して、心理学や教育学等の学問的な発展に伴って、自己の感情や行動を統制する能力、自らの思考の過程等を客観的に捉える力（いわゆるメタ認知）など、学習に関する自己調整にかかわるスキルなどが重視されていることにも留意する必要がある」（10頁）と指摘しています。

学習の「自己調整」について、ジマーマンとシャンク（Zimmermen,B.J. & Schunk,D.H.）は、「メタ認知、動機づけ行動を通じて、自らの学習過程に能動的に関与して進められる学習のことであり、学習者が学びの目標の達成に向かって、組織的かつ計画的な形で、自らの認知、感情、動機づけ、行動を活性化し維持する一連のプロセスのこと」（302頁）と定義しています。「自らの学習過程に能動的に関与」して学習を進めるためには、メタ認知が不可欠です。

メタ認知は、メタ認知的知識とメタ認知的活動に分けられます。メタ認知的知識とは、フレイヴェル（Flavell）によれば、①「自分で必要性を感じて学習したことは、身に付きやすい」といった人間の認知特性についての知識、②「2桁の足し算は1桁の足し算より誤りやすい」といった課題についての知識、③「ある内容についての理解を深めるには、誰かにそれを説明することが役立つ」といった課題解決の方略についての知識の三つです。

一方、メタ認知的活動とは、ネルソンとナーレンス（Nelson & Narens）によれば、メタ認知的モニタリングとメタ認知的コントロールの二つに分類されます。メタ認知的モニタリングとは、認知状態をモニターするものであり、「何となくよく分からない」といった認知についての感覚や、認知についての気付き・予想・点検などが含まれます。メタ認知的コントロールとは、認知状態をコントロールすることを指し、「簡潔に説明しよう」といった認知の目標設定や認知の計画・修正などが含まれます。児童生徒が自らの学習をモニタリングすること（いわゆる自己評価）とそれに基づいて計画を立案したり修正したりするコントロールが繰り返し機能しているとき、学習の自己調整が働いていると言えます。それには、単元・題材の指導計画において、児童生徒が自らの学習をモニタリングしたりコントロールしたりする場面を意図的・計画的に設定することが必要です。そのような場面における学習活動としては、「振り返り」が有効です。児童生徒が自らの学習を振り返って記述したり、その振り返りを仲間と共有・交流する話し合いを行ったりすることで自らの気付きを広げたり深めたりすることは、31報告にある「学習に関する自己調整にかかわるスキル」を伸ばすための方略となります。そのためのツールとして、筆者は次節で述べる「学びのプラン」を提案しています。

## 5 資質・能力を育成するための「学びのプラン」の提案

授業の主体である児童生徒が、その単元・題材で身に付ける資質・能力やそれらを身に付けるための学習活動・学習評価の方法等を理解するためのツールとして、「学びのプラン」が有効であると言えます。

日々の授業においては、単元の全体を通して、「何を学ぶか」という学習内容と、「どのように学ぶか」という学びの過程を計画し実行すること、そして、「何ができるようになるか」という学習評価を適切に行うこと、すなわち「授業デザイン」を描くことが必要です。そこでは、目標に準拠した評価として行われる観点別学習状況の評価が機能するのであり、学習指導案の作成に当たっては、その単元において育成する資質・能力を「評価規準」として設定しなくてはなりません。

例えば国語科では、これまで学習指導案に示される単元名は「走れメロス」「故郷」のように教材となる作品名そのままであるか、「〜を読んで〜をしよう」といった、言語活動を記述する場合がほとんどでした。しかし、これからの授業では、単に作品そのものを教える授業から脱却して、「何が身に付いたか」をきちんと示すことが求められます。であるとすれば、単元名もいわゆる「資質・能力ベース」で記述しなければならないことになります。

また、これまで我が国の学校教育における学習指導案は、いわゆる「本時案」と呼ばれる1時間単位のものが多く用いられてきました。もちろん、1時間1時間の授業、そしてその積み重ねが大切であることは言うまでもありませんが、教科のグランドデザインの作成→各学年の年間指導計画の作成という流れに沿って、「単元・題材として計画を立てる」ことを明らかにするためには、単元・題材全体を通して育成する資質・能力（評価規準）と単元全体の学習のプロセスを一望できる学習指導案が必要です。さらに、指導と評価の計画をあらかじめ児童生徒と共有するという視点から、単元の学習指導案を児童生徒に公開し、共有するための「学びのプラン」をあわせて作成することを提案します。

通常、学習指導案は授業を行う教師のため、あるいは授業研究の参加者のために作成されるものですが、学習指導要領において「見通し」と「振り返り」が重視されていることに加えて、31通知に「学習評価の方針を事前に児童生徒と共有する場面を必要に応じて設けることは、学習評価の妥当性や信頼性を高めるとともに、児童生徒自身に学習の見通しをもたせる上で重要である」（5ページ）とあるように、単元における学習の進め方だけでなく、学習評価についても、「いつ、どこで（どのような言語活動を通して）、どのような資質・能力を育成し、どのように評価するのか」ということを「事前に児童生徒と共有する」ことが求められています。したがって、学習指導案に記述した内容を児童生徒にも示す必要があります。ただし、学習指導案そのものを示しても、例えば「評価規準」をすべての児童生徒が読んで理解することには無理があります。したがって、学習の主体である児童生徒が読んで理解することができるよう、「この単元で身に付けたい力」というような形で示す必要があるのです。

単元を見通した学習指導案を作成するとともに、指導と評価の計画をあらかじめ児童生徒と共有するという視点から、「学びのプラン」をあわせて作成することが大切であると考えます。髙木展郎は、「学校教育における学力は、自然に学習者が獲得する学力とは異なり、意図的・計画的に育成することが行われなくては、学校教育の意味がなくなってしまう。そこで、学習者に、いつ、どのようにして、どのような学力を育成するのか、ということが分かる教育課程の開示が重要となる。このことは、教育内容を学習者に示すという学習内容のインフォームドコンセント化を図ることでもある」と指摘しています。

「学びのプラン」とは、まさに、学習者に対して「何を、どのように学び、何ができるようになるか」を開示し、「学習内容のインフォームドコンセント化を図る」ためのツールであると言えるでしょう。

## 6　単元・題材の学習指導案と「学びのプラン」の具体
## ―国語科を例として

筆者が作成した中学校国語科（第2学年「話すこと・聞くこと」）の学習指導案及び「学びのプラン」の例を70～71頁に示しました。これは、三つの異なる立場のパネリストを三角形に配置し、それぞれの立場に賛同するフロアのメンバーをパネリストの後ろに配置した「ラウンドテーブル型パネルディスカッション」の言語活動を通して、異なる立場や考えを持つ聞き手を意識して伝え合う資質・能力を育成する単元の例です。

学習指導案の形式に定められた形式があるわけではありません。しかし、「授業の『主語』は児童生徒である」ことを考えるならば、これからは「教える教師のための学習指導案」から「学ぶ児童生徒のための『学びのプラン』」への転換を図ることが必定であると筆者は考えています。次に示す例により、「学習指導案から『学びのプラン』への転換」の具体をぜひご理解いただきたいと思います。

（三藤敏樹）

## 国語科　第2学年「話すこと・聞くこと」 学習指導案の例

（単元名としてこの単元で育成する資質・能力を簡潔に示す）

**1　単元名**　異なる立場や考えを持つ聞き手を意識して伝え合う資質・能力を育成する。

**2　単元で育成する資質・能力**（学習指導要領の「内容」における指導「事項」を示す）

| 知識及び技能 | 思考力、判断力、表現力等 | 学びに向かう力、人間性等 |
|---|---|---|
| 情報と情報との関係の様々な表し方を理解し使うこと。<br>((2)—イ) | [A　話すこと・聞くこと]<br>目的や場面に応じて、社会生活の中から話題を決め、異なる立場や考えを想定しながら集めた材料を整理し、伝え合う内容を検討すること。<br>(A—(1)—ア) | |

**本単元で取り上げる言語活動**（この単元で資質・能力を育成するための言語活動を示す）

それぞれの立場から考えを伝えるなどして、議論や討論をする活動。(A—(2)—イ)

「異なる立場や考えを尊重して、パネルディスカッションをしよう」

**3　単元の評価規準**（この単元で育成する資質・能力の具体を、単元の学習活動に即して観点別の評価規準として示す）

| 知識・技能 | 思考・判断・表現 | 主体的に学習に取り組む態度 |
|---|---|---|
| ①　発信したい情報について、効果的な形式を工夫してメモを作成したり、聞いて受信した情報をグループ分けや階層化を行って整理したりしている。 | ②　「話すこと・聞くこと」において、自分とは異なる立場や考えの聞き手がいることを踏まえ、聞き手から反論されたり意見を求められたりすることを具体的に予想して、異なる立場や考えを持つ聞き手の存在を意識している。 | ③　発信したい情報についてのメモの作成や聞いて受信した情報の整理をしたり、聞き手から反論されたり意見を求められたりすることを具体的に予想して、異なる立場や考えを持つ聞き手の存在を意識したりすることに向けて、粘り強い取組を行う中で、自らの学習を調整しようとしている。 |

**4　単元の指導と評価の計画**（この単元全体を見通し、指導と評価の一体化を図る）

| 次 | 時 | 具体の評価規準と評価方法 | 学習活動 |
|---|---|---|---|
| 第一次 | 1 | | 1　「ラウンドテーブル型パネルディスカッション」の方法や特徴を理解する。<br>2　テーマに沿った立場を設定する。 |
| 第二次 | 2・3 | **【評価規準】(知識・技能)**<br>①　発信したい情報について効果的な形式を工夫してメモを作成したり聞いて受信した情報をグループ分けしたり階層化したりして整理したりしている。<br>**【記述の確認】** | 3　それぞれの立場の意見の根拠となる事柄や意見を出し合い、整理してメモにまとめる。<br>4　発表の内容・順序・方法を決め、メモにまとめる。<br>5　「ラウンドテーブル型パネルディスカッション」の展開の仕方や役割分担を確認する。 |
| | 4 | **【評価規準】(思考・判断・表現)**<br>②　「話すこと・聞くこと」において、自分とは異なる立場や考えの聞き手がいることを踏まえ、聞き手から反論されたり意見を求められたりすることを具体的に予想して、異なる立場や考えを持つ聞き手の存在を意識している。<br>**【行動の観察】** | 6　「ラウンドテーブル型パネルディスカッション」を行う。<br>**【言語活動】**<br>「異なる立場や考えを尊重して、パネルディスカッションをしよう」<br>**【進行例】**<br>①コーディネーターによる始めの言葉<br>②パネリストによる立論<br>③パネリスト相互の質問・意見交換<br>④フロアからの質問・意見<br>⑤パネリストからのまとめの発言<br>⑥コーディネーターによる終わりの言葉 |
| 第三次 | 5 | **【評価規準】(主体的に学習に取り組む態度)**<br>③　発信したい情報についてのメモの作成や聞いて受信した情報の整理をしたり、聞き手から反論されたり意見を求められたりすることを具体的に予想して、異なる立場や考えを持つ聞き手の存在を意識したりすることに向けて、粘り強い取組を行うとともに、自らの学習を調整しようとしている。<br>**【記述の分析】** | 7　立場毎のグループでパネルディスカッションを振り返る話合いを行う。<br>8　パネルディスカッションを通して、自分の考えが変化したり、広がったり、深まったりしたことをまとめ、記述する。 |

（評価規準について評価の対象を明らかにして、評価の方法を示す）

## 「学びのプラン」の例

単元名はこの単元で育成する資質・能力を簡潔に示す

**1　単元名**　異なる立場や考えを持つ聞き手を意識して伝え合う資質・能力を育成する。

**2　身に付けたい資質・能力**　単元の観点別の評価規準を生徒が理解できる表現で示す

| 知識・技能 | 思考・判断・表現 | 主体的に学習に取り組む態度 |
|---|---|---|
| ①　発信したい情報について、線や矢印で結んだり、丸や視覚で囲んだり、付箋を活用したりするなどの工夫してメモを作成したり、聞いて受信した情報をグループ分けや階層化を行って整理したりしている。 | ②　「話すこと・聞くこと」の学習で、自分とは異なる立場や考えの聞き手がいることを踏まえ、聞き手から反論されたり意見を求められたりすることを具体的に予想して、異なる立場や考えを持つ聞き手の存在を意識して話合いに参加している。 | ③　パネルディスカッションで話したり聞いたりすることについて、粘り強く取り組むとともに、学習課題に沿って、情報を整理したり、話合いの流れに応じて自分の考えや意見及び話し方や聞き方を工夫しながら、伝え合う内容を考え、話合いに参加したりしようとしている。 |

**4　この単元で学習すること**「異なる立場や考えを尊重して、パネルディスカッションをしよう」

| | 次 | 時 | 単元を通して身に付けたい資質・能力と評価の方法 | 学習の内容 |
|---|---|---|---|---|
| | 第一次 | 1 | | 1　「ラウンドテーブル型パネルディスカッション」の方法や特徴を知る。<br>2　テーマに沿った立場を設定し、自分の立場を決める。 |
| | 第二次 | 2・3 | **【身に付けたい資質・能力】**<br>**（知識・技能）**<br>①　発信したい情報について、線や矢印で結んだり、丸や視覚で囲んだり、付箋を活用するなどの工夫してメモを作成したり、聞いて受信した情報をグループ分けしたり階層化したりして整理したりしている。<br>→　このことについて、まとめたメモによって評価します。 | 3　それぞれの立場の意見の根拠となる事柄や意見を出し合い、整理してメモにまとめる。<br>4　発表の内容・順序・方法を決め、メモにまとめる。<br>5　「ラウンドテーブル型パネルディスカッション」の進め方を確認し、役割分担を決める。<br>評価の資料や方法について生徒が理解し見通しをもつことができるように説明する |
| | | | この学習での振り返り【身に付けたい資質・能力】①について | |
| | | 4 | **【身に付けたい資質・能力】**<br>**（思考・判断・表現）**<br>②　「話すこと・聞くこと」の学習で、自分とは異なる立場や考えの聞き手がいることを踏まえ、聞き手から反論されたり意見を求められたりすることを具体的に予想して、異なる立場や考えを持つ聞き手の存在を意識して話合いに参加している。<br>→このことについて、パネルディスカッション中の発言や、聞き取りメモによって評価します。 | 6　「ラウンドテーブル型パネルディスカッション」を行う。<br>【「ラウンドテーブル型パネルディスカッション」の進め方】<br>①コーディネーターによる始めの言葉<br>②パネリストによる立論<br>③パネリスト相互の質問・意見交換<br>④フロアからの質問・意見<br>⑤パネリストからのまとめの発言<br>⑥コーディネーターによる終わりの言葉 |
| | | | この学習での振り返り【身に付けたい資質・能力】②について | |
| | 第三次 | 5 | **【身に付けたい資質・能力】**<br>**（主体的に学習に取り組む態度）**<br>③　パネルディスカッションで話したり聞いたりすることについて、粘り強く取り組むとともに、学習課題に沿って、情報を整理したり、話合いの流れに応じて自分の考えや意見及び話し方や聞き方を工夫しながら、伝え合う内容を考え、話合いに参加したりしようとしている。<br>→このことについて、パネルディスカッションを振り返って書いたものによって評価します。 | 7　立場ごとのグループでパネルディスカッションを振り返る話合いをする。<br>8　パネルディスカッションを通して、自分の考えが変化したり、広がったり、深まったりしたことを振り返って書く。 |
| | | | この学習での振り返り【身に付けたい資質・能力】③について | |

この「学びのプラン」が「学びのあしあと」になるよう、日付を記入する欄を設けてある

生徒が単元の学びを振り返るとともに、自己の学習を調整した経過を記録するため、評価規準ごとに「ここでの学習の振り返り」を記述させる

III章

# 授業づくりと主体的に学習に取り組む態度

ASSESSMENT

## 1 カリキュラム・マネジメントに位置付いた授業づくり

学習指導要領における各教科等の目標と内容は、「何ができるようになるか」を明確にするという目的において、〔知識及び技能〕〔思考力、判断力、表現力等〕〔学びに向かう力、人間性等〕という資質・能力の三つの柱で再整理されました。その目標と内容を実現することが、資質・能力を育成することにつながります。ゆえに、単元や題材などを構想して授業づくりに取り組む際に拠りどころになるものは、教科書ではなく学習指導要領です。その目標と内容を把握して、単元や題材などの本質を押さえた上で、教科書を適切かつ効果的に使って授業を進める必要があります。

また、各教科等における学習指導と学習評価のPDCAサイクルに着目したカリキュラム・マネジメント（図1）として、授業づくりの過程は次の［1］から［7］で整理できます。

［1］ 学習指導要領の目標と内容から、単元や題材などを構想する。
［2］ 単元や題材などにおいて育成する資質・能力（目標）と評価規準を設定する。
［3］ 育成する資質・能力から単元や題材などのストーリーやコンテクスト（文脈）を考

え、計画を立てる。

［4］単元や題材などにおける学習指導と学習評価の計画を立てる。

［5］「指導に生かす評価」を基に、「指導と評価の一体化」を通して授業を実践する。

［6］「指導に生かすとともに総括としても生かす評価」を行う。

［7］単元や題材などのリフレクションからブラッシュアップを図り、次年度に備える。

［5］と［6］における「指導に生かす評価」と「指導に生かすとともに総括としても生かす評価」という表記を本書では採用しています。児童生徒の資質・能力を育成するために、学習とその指導をよりよいものにするのが学習評価です。評価と指導とを一体化し、評価を指導に生かした授業づくりが求められています。

**［1］学習指導要領の目標と内容から、単元や題材などを構想する**

まずは、最も大きな内容のまとまりやその下位のまとまりに、育成したい資質・能力を踏まえた単元や題材などのまとまりを位置付けます。また、その際、当該の学年や校種だけでなく、他の学年や校種の目標と内容を基に、その単元や題材などにおける大切なことや貫く概念、見方・考え方などを捉えることで、「これまで」と「これから」を踏まえた単元や題材などを構想することが大切です。

児童生徒は状況や文脈に依存する傾向があるため、ある教科等で学んだことは、その教科等だけで生かしたり考えたりする場合があります。教科等に関係なく、学んだことを様々な場面で生かしたり活用できたりすることは、未知なる状況において新たな問題や課題を解決するために大切なことです。そのためにも、教科等横断的な視点

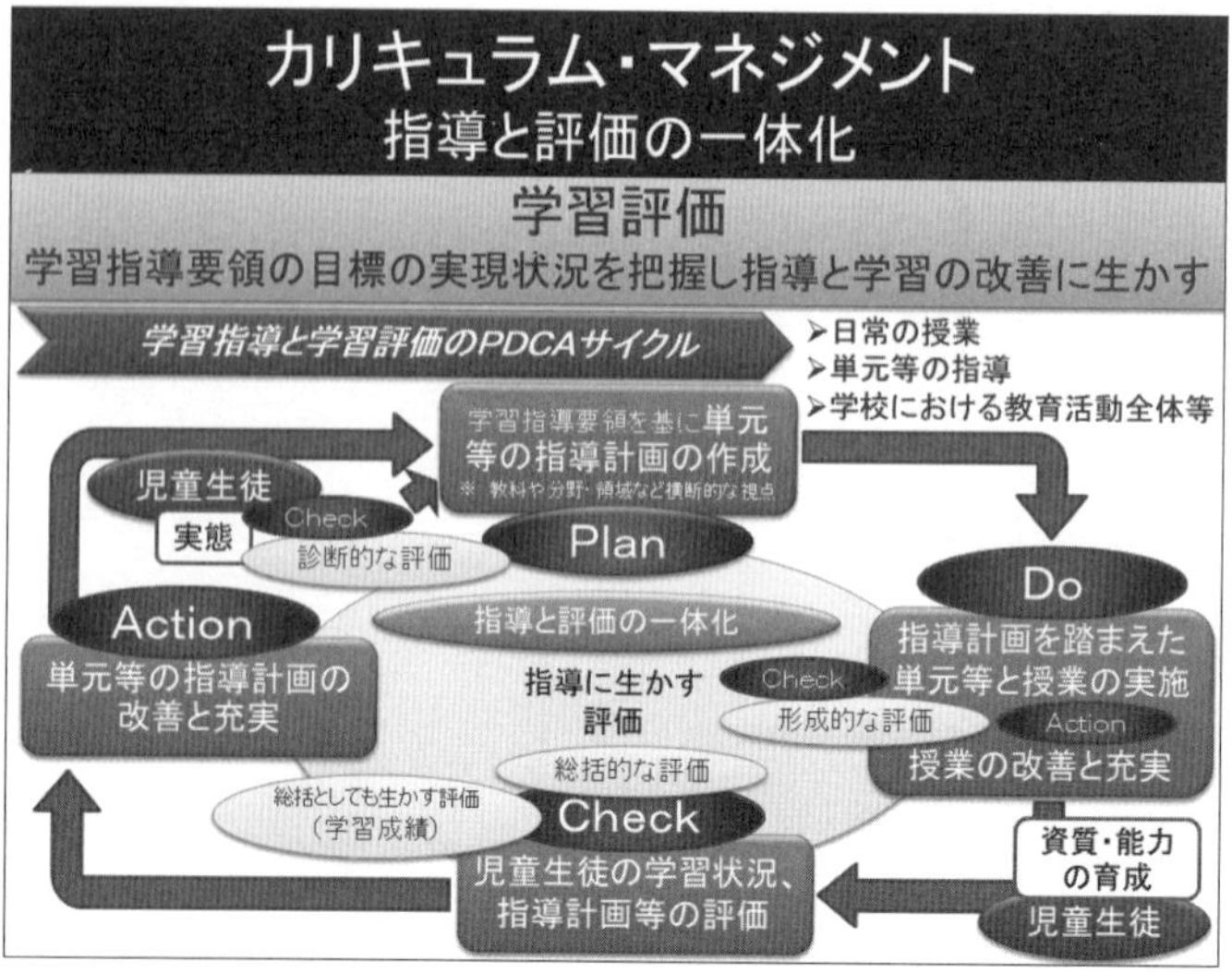


図1　各教科等における学習指導と学習評価のPDCAサイクルに着目したカリキュラム・マネジメント

をもって単元や題材を構想します。

さらには、単元や題材に関する児童生徒の状況や、育成したい資質・能力に関わる児童生徒の実態などを捉え、それらを踏まえた学習後の望ましい児童生徒の姿を想定します。その望ましい姿から、単元や題材を構想しましょう。

### ［2］単元や題材などにおいて育成する資質・能力（目標）と評価規準を設定する

次に、単元や題材などに相当する学習指導要領の目標と内容に基づき、三つの柱に即した資質・能力（目標）を設定します。教科等、単元や題材などによっては、学習指導要領の文章をそのまま当てる場合もあります。育成する資質・能力（目標）の文末の表現は、「〜する（こと）」となります。

その育成する資質・能力（目標）を踏まえて、評価規準は、「知識・技能」「思考・判断・表現」「主体的に学習に取り組む態度」の三つの観点に即して設定します。評価規準の文末の表現は、「知識・技能」と「思考・判断・表現」は「〜している」または「〜することができている」、「主体的に学習に取り組む態度」は「〜しようとしている」というように、児童生徒が目標を実現している状況として記述します。そのような児童生徒の状況が見て取れる場合、「おおむね満足できる」状況と判断します。なお、評価規準を設定するに当たっては、教科等ごとに作成されている「学習評価に関する参考資料」を参考にします。また、国立教育政策研究所「学習評価の在り方ハンドブック(小・中学校編、高等学校編)」(2019)が公開されているので、学習評価を進めるに当たって参考にするとよいでしょう。ただし、これらはあくまで参考資料やハンドブックであることに留意したいです。学習指導要領を基に教育課程を編成するのは各学校です。各学校は、学習指導要領や根拠となる法令等を基にして、国立教育政策研究所や設置者等から発出される資料等を参考に、何よりも学校や児童生徒の実態を踏まえて、教育課程を編成しカリキュラム・マネジメントを推進することが大切です。教育課程の編成・実施・評価・改善において、各学校の批判的思考(クリティカル・シンキング)や創意工夫などが求められます。

ただし、教科等、単元や題材などによっては、必ずしも三つの柱の資質・能力(目標)と評価規準が設定されるわけではないことに留意しましょう。教科等の特性、単元や題材などを踏まえ、育成する資質・能力(目標)と評価規準を設定します。

### ［3］育成する資質・能力から単元や題材などのストーリーやコンテクスト（文脈）を考え、計画を立てる

次に、単元や題材などにおいて目指す児童生徒像を踏まえつつ、育成する資質・能力（目標）と評価規準を基に、単元や題材などの計画を立てます。その際、育成する資質・能力（目標）と評価規準から学習活動を考え、単元や題材などのストーリーやコンテクスト（文脈）を組み立て、次（つぐ）や授業を位置付けていきましょう。初めに学習活動ありきではなく、育成する資質・能力（目標）と評価規準を実現するために、各教科等の見方・考え方を働かせることや主体的・対話的で深い学びが位置付いた学習活動からなるストーリーやコンテクスト（文脈）を考え、単元や題材などを計画することが大切です。

### ［4］単元や題材などにおける学習指導と学習評価の計画を立てる

次に、学習活動において、どのように指導し、評価していくかを検討していきます。各教科等の見方・考え方をどう働かせるか、主体的・対話的で深い学びをどのように行うのかをよく検討して、資質・能力が育成される学習活動を行わなければなりません。そのためには、児童生徒がアクティブ・ラーナーとなるような「指導と評価の一体化」を行い、主

体的に学習に取り組む態度の育成が図られることが大切です。

単元や題材などにおける評価の計画を立てる際、評価する場面や方法を検討するとともに、評価を指導に生かす中で、「指導に生かすとともに総括としても生かす評価」をどこに位置付けるかをよく検討したいです。評価を指導に生かすことで、「指導と評価の一体化」を充実させ、資質・能力を育成することが大切です。そして、育成された児童生徒の状況を評価して総括することで評定（ABCや54321などに記号化）して、学習成績に反映させます。

なお、『「指導と評価の一体化」のための学習評価に関する参考資料』は、これまで「評価規準の作成、評価方法等の工夫改善のための参考資料」（小学校・中学校は2011、高等学校は2012・2013）として公開されていました。名称を変更したのは、学習評価において「指導と評価の一体化」の重要性の現れと捉えることができます。また、「指導と評価の一体化」の実施と、学習指導と学習評価における資質・能力の育成に改善の必要があったと捉えることもできるでしょう。どちらにしても、「指導と評価の一体化」を充実させ、児童生徒の資質・能力を育成することが望まれます。

**［5］「指導に生かす評価」を基に、「指導と評価の一体化」を通して授業を実践する**

普段の授業においては、児童生徒の状況に応じて、指導の修正を図りながら行っているのではないでしょうか。オンラインによる授業で、学習者の顔が見られない状況では、たとえ講義式の授業であってもやりにくいでしょう。双方向型の授業ならなおさらです。授業において、指導者と学習者、学習者同士の対話的な学びでは、言語だけでなくノンバーバルな情報も大切だと言えます。

指導要録における「観点別学習状況の評価」と「評定」では、評価規準に即して目標に準拠した評価をより適正に行うことが求められます。授業では、個人に準拠した評価を含めて、評価で得られた情報を基に目の前の児童生徒の状況に応じて指導に生かすことが大切です。「指導に生かす評価」で得られた情報とともに、リアルタイムな児童生徒の状況（表情やつぶやきなど）を捉え、即時的な指導を行い、結果としてプラスの変容を促すようにするのです。対面の授業だからこそできる「指導と評価の一体化」でしょう。

**［6］「指導に生かすとともに総括としても生かす評価」を行う**

「観点別学習状況の評価」において、「知識・技能」は、単位時間で評価できるものもあれば、理解を深めたり概念を形成したりするためには、単元や題材、次(つぐ)などある程度のまとまりを通して評価する場合もあります。また、単元や題材、次(つぐ)などに関する「思考・判断・表現」と「主体的に学習に取り組む態度」は、そのまとまりにおいて育成して評価します。そのまとまりにもよりますが、そこで得られた評価の情報を必ず総括して評定するものではありません。各教科等の目標に位置付けられているような、より汎用的な資質・能力は、それぞれの単元や題材などを踏まえて学期や年間など長い期間を通して育成し、評価、評定することが大切です。

年間を通しての「観点別学習状況の評価」における総括は、「知識・技能」と、「思考・判断・表現」及び「主体的に学習に取り組む態度」とでは異なります。「知識・技能」はまとまりや学期ごとの習得の状況に関する評価の資料を基に総括するのに対して、「思考・判断・表現」はまとまりや学期ごとの評価の資料を基に、年間を通した育成の状況を評価し総括することが、「主体的に学習に取り組む態度」は大きなまとまりごとの評価の資料を基に、年間を通した涵養の状況を評価し総括することが考えられます。このように考えると、あるひとつ内容のまとまりだけでなく、様々な内容のまとまりにおいて活用できるような汎用性の高い知識や技能も、「思考・判断・表現」と同じように評価して総括することが必要だと言えます。つまり、より汎用的な資質・能力は、年度の最後における児童生徒の成長した姿や状況が反映されるような総括が望まれるのです。これらのイメージ例として表したものが、次の図2です。

図2は学習評価の在り方を踏まえて、『資質・能力を育成する授業づくり』（田中、2021、29頁）に掲載した表に対し、加筆や修正を施したものです。「単元・題材」を「内容のまとまり」に修正しています。年間を通しての「観点別学習状況の評価」の在り方を考えるならば、まとまりの大きさ

**年間を通した「観点別学習状況の評価」における総括のイメージの例**

| 観点 | 評価方法 | 内容のまとまり1 | 内容のまとまり2 | 内容のまとまり3 | … | 内容のまとまりn | 年間を通した総括評定（A、B、C） |
|---|---|---|---|---|---|---|---|
| 知識・技能 | ・筆記テスト<br>・パフォーマンス評価（実技テストなど） | ○<br>◎ | ○<br>◎ | ○<br>◎ | … | ○<br>◎ | まとまりや学期ごとの習得の状況に関する評価の資料を基に評定（A、B、C）する。 |
| 思考・判断・表現 | ・筆記テスト<br>・パフォーマンス評価 | ○ | ○ | ○ | … | ○ | まとまりや学期ごとの評価の資料を基に、年間を通した育成の状況を評価して評定（A、B、C）する。 |
| | | ◎ | ◎ | ◎ | … | ◎ | |
| 主体的に学習に取り組む態度 | ・パフォーマンス評価 | ○ | ○ | ○ | … | ○ | 大きなまとまりごとの評価の資料を基に、年間を通した涵養の状況を評価して評定（A、B、C）する。 |
| | | | | ◎ | … | ◎ | |

○　指導に生かす評価
◎　指導に生かすとともに総括としても生かす評価
※　総括する前に「指導と評価の一体化」を通して、資質・能力の習得・育成・涵養が図られていることが大切。

図2　年間を通した「観点別学習状況の評価」における総括のイメージの例

として「単元・題材」ではなく「内容のまとまり」が適切と考えたからです。

**[7] 単元や題材などのリフレクションからブラッシュアップを図り、次年度に備える**

「指導に生かす評価」から「指導と評価の一体化」を図る場合だけでなく、総括して評定し学習成績に反映させた評価における情報からも、学習指導と学習活動の改善と充実を図ることが大切です。

教科担任制である中学校と高等学校であれば、担当する学級の数だけ同じ授業を行うので、各学級の生徒に対応しつつ、「指導に生かす評価」で得られた情報を基に授業改善を図っていくことは可能でしょう。ただ、学級担任制を採用している場合が多い小学校では、単元や題材などや授業は、年に1回です。改善した授業をすぐには行えないでしょう。しかし、学級担任制や教科担任制に関係なく、次年度のために、評価で得られた情報を基に単元や題材などのリフレクションからブラッシュアップを図っておきたいです。

## 2　主体的に学習に取り組む態度を育成する授業に向けて

### [1]「主体的に学習に取り組む態度」の評価を行う前に

Ｉ章でも述べたように、「主体的に学習に取り組む態度」の評価を行う前に、まず育成することが大切です。主体的に学習に取り組む態度に対しての指導や育成がないままに、いきなり総括的な評価を行い、成績の資料を収集するようなことがあってはなりません。そのことは、〔知識及び技能〕の習得と〔思考力、判断力、表現力等〕の育成と、それらに関する資質・能力の評価、評定と同じです。「指導と評価の一体化」を通して、主体的に学習に取り組む態度を育成し、〔学びに向かう力、人間性等〕の涵養を図っていくことが大切です。

### [2] 主体的に学習に取り組む態度の育成

主体的に学習に取り組む態度を育成するためには、どのような学習指導や学習活動などを行えばよいのでしょうか。次の図3は、児童生徒が〔知識及び技能〕を習得したり〔思考力、判断力、表現力等〕を育成したりすることに向けて、アクティブ（能動的）に学ぶための学習指導や学習活動などについて、問題解決や課題解決の過程に即して整理したものです。図

3に示された①から⑭の項目は、これまでにも言われてきたことなので、多くの教師は行っていることでしょう。

## 〔3〕主体的に学習に取り組めるようにするための学習指導

「主体的に学習に取り組む態度」の評価における二つの側面「①知識及び技能を獲得したり、思考力、判断力、表現力等を身に付けたりすることに向けた粘り強い取組を行おうとする側面」と「②①の粘り強い取組を行う中で、自らの学習を調整しようとする側

**児童生徒がアクティブ（能動的）に学ぶために**

**①問題又は課題の発見**
見いだした問題又は課題を自分のこととなるようにする。問題又は課題から探求心・探究心を引き出すようにする。

**②発達の最近接領域**
何とか自分の力で解決できそうだという見通しがもてる問題又は課題を設定する。

**③日常生活や社会を対象とした学習**
問題又は課題や学習内容が、身の回りや生活における文脈に即している。

**④発展的な内容**
より学問的、専門的な問題又は課題や学習内容に接する（学習意欲は不可欠）。

**⑤メタ認知（メタ認知的な知識）**
自分の知識及び技能、理解、できることなどや、問題又は課題の「解決の方略」などを認識する。

**⑥自己効力観**
問題又は課題に対して、自分は解決できる力があると思える。

**⑦活用**
問題又は課題を習得している知識や技能を活用して解決する。

**⑧メタ認知（モニタリング・コントロール）**
学びに粘り強く取り組み、自らの学びを調整して、問題又は課題を解決する。

**⑨対話的、協同的、協働的な学習**
多様な他者と、対話的、共同的、協働的に学び、問題又は課題を解決する。

**⑩メタ認知（メタ認知的な知識）**
「分かった自分、できるようになった自分」を認識する。

**⑪達成感や充実感の実感**
自分にとって価値ある問題又は課題や学習前は難しくてできそうにもなかった問題又は課題などを解決したとき達成感や充実感を実感する。

**⑫評価を通した承認**
自分の分かり方や理解、考えや説明などを、他者や教師が認めてくれる。

**⑬称賛**
問題又は課題を解決したり、進歩や成長したりして、周囲の人から認められ褒め称えられる。

**⑭新たなこと、未知なることへの活用**
学んだことを新たなことなどに活用する。

図3　児童生徒がアクティブ（能動的）に学ぶための学習指導、学習活動や取組など

面」を評価する前に、まずは児童生徒が学習を進める中で、目標の実現のために粘り強く取り組もうとする態度や、学習を調整するための資質・能力を育成しなければなりません。総括的な評価を行い、成績の資料を収集するには、指導して育成することが前提となります。

学習を粘り強く取り組もうとする態度や学習を調整するための資質・能力には、図3の⑤⑧⑩のようなメタ認知に関する資質・能力が関係しています。そのため、学習を進める中で、児童生徒が自らの学習を振り返り、その後の学習に向かうことができるような機会を設定することが効果的だと考えられます。単元や題材などにおいて、見通しをもつことができる学習場面や、学習の過程における節目で振り返りを行い、自ら学習を調整できるような学習場面を位置付け、その「指導と評価の一体化」を充実させることが大切です。全国の多くの学校では、児童生徒が見通しや振り返りを行えるように、学びのプランを包含した振り返りシート、学びの記録、ポートフォリオなどを導入しています。次の図4は、中学校理科における例です。

校種や学年段階、発達の段階に応じて、また教科の特性等を踏まえて、図4のようなシートを導入することにより、学習の主体である児童生徒が、学習の目標、評価規準、学習内容、問題や課題などを把握できるようにします。そして、単元や題材における問題や課題の解決や自らの資質・能力の育成を目指し、学習に粘り強く取り組んだり、自らの学習を調整したりしながら、学習におけるPDCAサイクルを回すことができる児童生徒を育成することが究極の目標と言えるでしょう。

## 3 「主体的に学習に取り組む態度」を評価するための方策

### [1]「主体的に学習に取り組む態度」の評価を行うに当たって

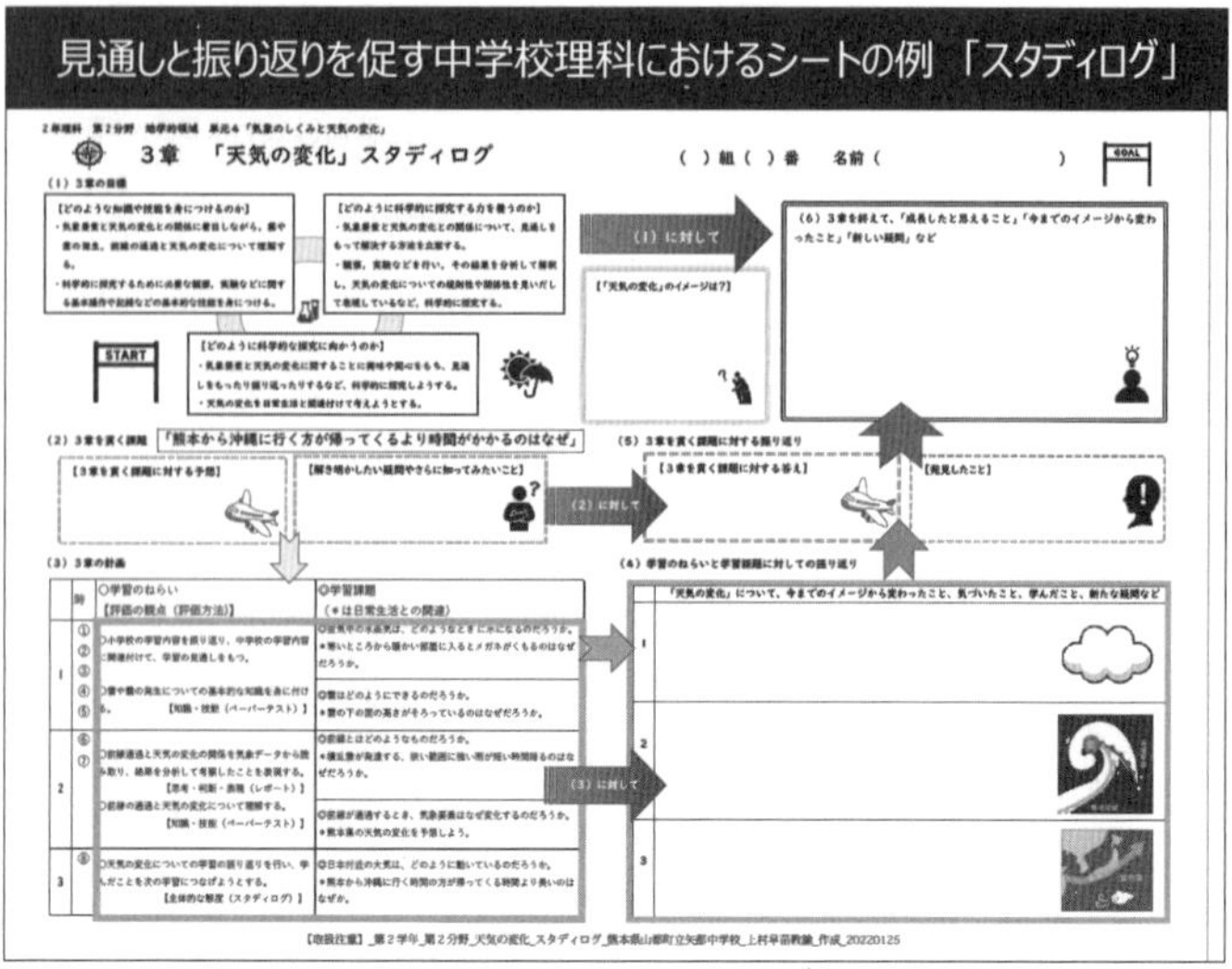


図4 見通しと振り返りを促すシートの例（熊本県山都町立矢部中学校の上村早苗教諭が作成、2022）

図4のシートは、児童生徒の自己評価を通して、粘り強く取り組んだり、自らの学びを調整したりするためのツールです。指導者にとっては、「指導と評価の一体化」のためのツールと言えます。そのため、「指導と評価の一体化」に資する部分は、総括的な評価の対象とはなり得ないことに留意する必要があります。それらは総括的な評価の対象として成績の資料とするものではありません。

次の図5は、図4において総括的な評価の対象、成績の資料とすることができる部分を示しています。それは、シートにおける最後の一部分だけです。シート全体は成績の資料とするものではなく、児童生徒の振り返りや指導者の「指導と評価の一体化」を行うためのものです。

ただ、学んできた成果や取り組んできたことは、学期や学年の最後の児童生徒の状況に反映されるため、学期や学年における最後の単元や題材等のシートだけは全体を対象とすることが考えられます。ただし、学年の場合は、学期ごとの最後のシートは除き、学年の最後のシートだけにするのがよいでしょう。

## 〔2〕年間を通した「主体的に学習に取り組む態度」の評価

〔知識及び技能〕は、単位時間で習得を図れるものもあれば、理解を深めたり概念を形成したりするためには、単元や題材などある程度のまとまりを通して学ぶ必要がある場合もあります。また、単元や題材などに関する〔思考力、判断力、表現力等〕と〔学びに向かう力、人間性等〕は、そのまとまりにおいて育成して評価します。さらには各教科等の目標に位置付けられているような、より汎用的な〔思考力、判断力、表現力

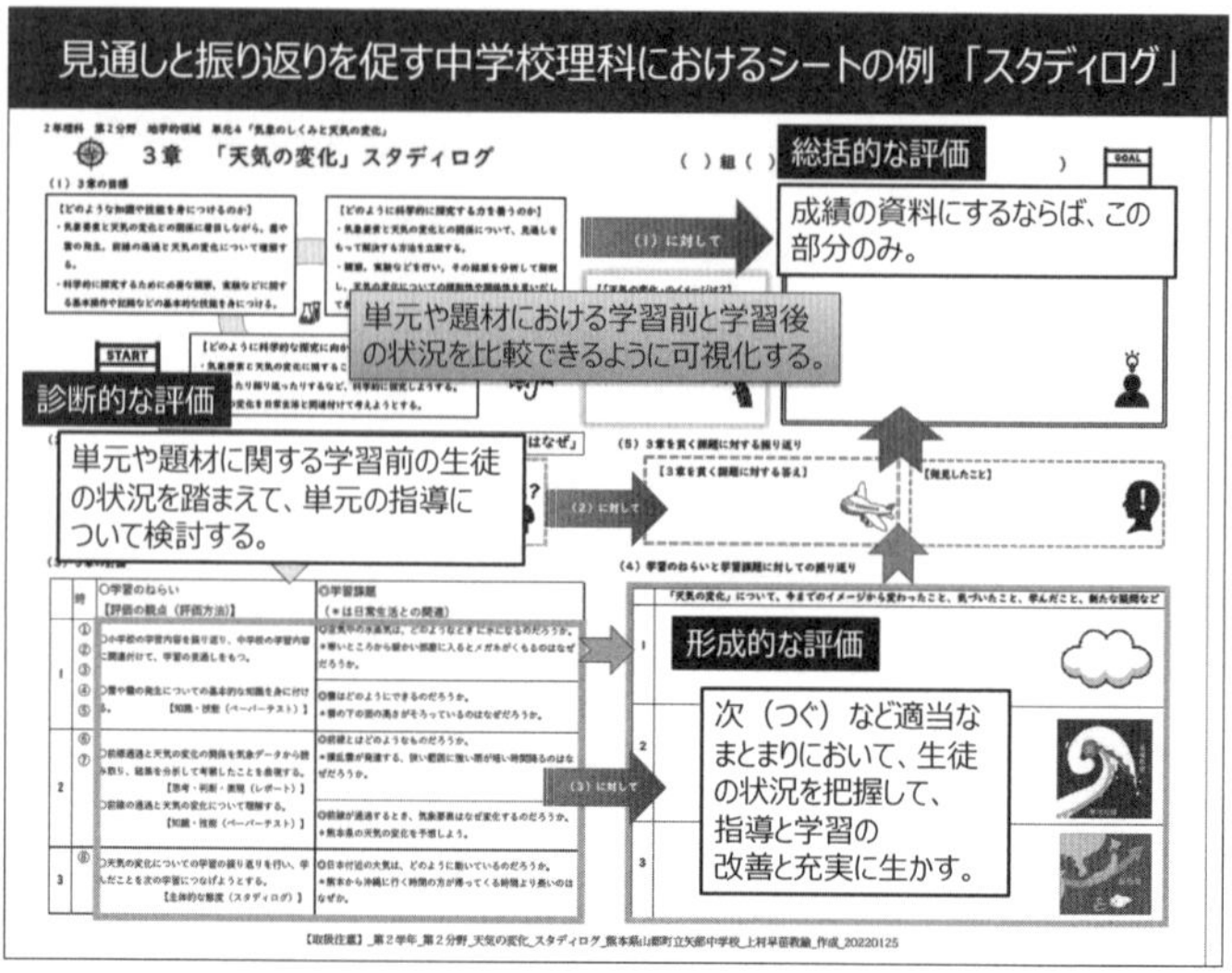


図5　見通しと振り返りを促すシートを評価する場合の例

等〕と〔学びに向かう力、人間性等〕は、それぞれの単元や題材などを踏まえて学期や年間など長い期間を通して育成したり涵養したりして評価します。〔学びに向かう力、人間性等〕は一朝一夕で身に付くものではなく、涵養するものです。そして、その一部である「主体的に学習に取り組む態度」の評価は、図2の「年間を通した『観点別学習状況の評価』における総括のイメージの例」のように、年度の最後における児童生徒の成長した姿や状況が反映されるような総括が望まれます。

**［3］「知識・技能」と「思考・判断・表現」の評価を通した「主体的に学習に取り組む態度」の評価**

「主体的に学習に取り組む態度」の評価に関しての難しさや困り感を耳にすることがあります。いきなり「主体的に学習に取り組む態度」を評価しようとすることに無理があるのです。その難しさを解消するには、「主体的に学習に取り組む態度」とは何かを分かった上で評価することが大切です。

「主体的に学習に取り組む態度」は、〔知識及び技能〕の習得と〔思考力、判断力、表現力〕の育成と相互に関連し合って養われます。31報告及び31通知における「知識及び技能を獲得したり、思考力、判断力、表現力等を身に付けたりすることに向けた粘り強い取組」という記述にも、そのことが見て取れます。

「主体的に学習に取り組む態度」を評価するには、「知識・技能」と「思考・判断・表現」との評価を通して行うことが求められます。そこで、1章からここまでに述べたことを踏まえて、次の①から⑤のように「主体的に学習に取り組む態度」の評価を行うことが考えられます。

① 学習を進める中で、〔思考力、判断力、表現力等〕の育成と、〔知識及び技能〕の習得を図るために、粘り強く取り組もうとする態度や、学習を調整するための資質・能力（メタ認知能力や自己評価力など）を育成する。

② 内容のまとまり、単元や題材における学習の過程の節目において、児童生徒が自らの学習を振り返り、その後の学習の見通しをもち、粘り強く取り組めることができるような学習場面を位置付け、その「指導と評価の一体化」を充実させる。

③ 授業において、次のような児童生徒による「評価・改善」に関する学習指導と学習活動を位置付けることで、目標を実現して、〔思考力、判断力、表現力等〕を育成した

り、〔知識及び技能〕を習得したりするために、粘り強く取り組もうとする態度や、学習を調整するための資質・能力を育成する。

○学習の過程の節目において、教科等の学び方や方法、技能などに関することが適切であったり妥当であったりするかなどを検討して、充実させたり改善したりする。

○自他の考えを多面的、総合的に捉えて、妥当な考えにしていく。

○学んできた過程、学び方や方法などを振り返り、今後の見通しをもつ。　など

以上のような学習活動を行う際、多様な他者と対話したり交流したりして協働的に学ぶことで、児童生徒の資質・能力の育成に資するようにする。

④

①から③の学習の成果に当たる発言や行動、成果物などにおける生徒のパフォーマンスの状況から、三つの観点において、それぞれの評価規準に即し、必要に応じて総括的な評価を行う。その際、学習過程における評価、形成的な評価や「指導に生かす評価」がなされ、「指導と評価の一体化」が十分に行われていることが前提となる。

⑤

④のパフォーマンスの状況から、「知識・技能」と「思考・判断・表現」を評価することを通して、教科等の学び方（例えば、理科ならば問題解決や科学的な探究）に対しての状況及び学習の取組の状況（粘り強さ）、学びの調整とを「主体的に学習に取

り組む態度」の評価規準に即して評価することで、「主体的に学習に取り組む態度」の評価を行う。

これまで述べてきたことは、校種、教科を越えて一般的に通じることです。各教科等の目標と内容、評価規準及び児童生徒の実態などを踏まえて、その具体を考えることが、各教科等におけるカリキュラム・マネジメントの一環と言えます。それは、教師としてのおもしろさ、楽しさ、醍醐味でもあるでしょう。

（田中保樹）

参考・引用文献


田中保樹（2021）「第1章第2節　指導と評価の一体化を位置付けた授業づくりとその実践」田中保樹・三藤敏樹・髙木展郎編著『資質・能力を育成する授業づくり　指導と評価の一体化を通して』pp.24-29、東洋館出版社、2021

# Ⅳ章

# 主体的に学習に取り組む態度の育成と学習評価をめぐる課題

ASSESSMENT

# 1 パフォーマンス評価において

## 1 パフォーマンスを発揮する授業とは

授業では、多様な他者と協働して、お互いにパフォーマンス（技能、思考や表現など／文字、図、表、描画、音声、操作、身体表現、運動など）を発揮し、多様な見方や考え方、方法、思考や表現などに触れ、議論したり切磋琢磨したりします。そして、自らの学びを振り返り、見通しをもって自ら学びを改善したり充実したりするなど、主体的に学習に取り組むことによって資質・能力を育成していきます。

パフォーマンスとは表現の総体であり、三つの資質・能力が生かされて発揮されるものです。各教科等の授業における具体として、例えば、話合い、論述、説明、プレゼンテーション、作文、レポート、歌唱、演奏、デザイン、絵画、工作、調理、試合、競技など、多様なパフォーマンスが考えられます。これらのパフォーマンスは、これまでのPISA型「読解力」

の育成や各教科等の言語活動の充実と軌を一にするものであり、「主体的・対話的で深い学び」を実現する授業において、児童生徒の資質・能力の育成に資するものです。

## 2 パフォーマンス評価を通した三つの資質・能力の評価

児童生徒のパフォーマンスは三つの資質・能力が生かされて発揮されるものなので、パフォーマンス評価を通して、それらの資質・能力を評価することができます。まずは、授業で発揮されたパフォーマンスを評価することで得られた情報を基に指導に生かし、児童生徒のパフォーマンスをよりよくすることが大切です。パフォーマンス評価を通した「指導と評価の一体化」を充実させることです。次に、教師の指導によって向上した実現状況を、評価規準に則し、目標に準拠した評価として観点別学習状況の評価を行い、総括に用います。

パフォーマンステストと称して、技能を評価することがあります。それはパフォーマンス評価の一部です。習得し活用しようとしている知識や技能は正しいのか、考えや判断は妥当なのか、表現は適当なのか、実現のために粘り強く取り組んだり改善を図ったりしようとしているのかなどを評価することができます。各教科等の授業におけるパフォーマンスの条件や状況、文脈等に応じて、評価して指導に生かしたり総括に生かしたりします。

## 3 評価規準に基づいたパフォーマンス評価

パフォーマンス評価は、ペーパーテストでは測定して評価することができない資質・能力を評価することができます。ただし、質的な評価であり、ペーパーテストのように評価における測定にはなじみません。そのため、総括に用いる場合は、評価規準を学習指導要領に即して適切に設定して、目標に準拠した評価を適正に行うことが求められます。学習評価をよく理解し、パフォーマンス評価における妥当性と信頼性の担保に努めることが大切です。観点別の評価規準に対して、「十分満足できる」状況、「おおむね満足できる」状況、「努力を要する」状況の三つに判断できるようにしなければなりません。そのためには、各教科等におけるカリキュラム・マネジメントにおいて、児童生徒の実態やパフォーマンスの状況により見直していくことが大切です。

なお、パフォーマンス評価において、ルーブリック（「評定尺度とその内容を記述する指標

（そして、具体的なサンプル）から成り立っていて、評価指針と訳される場合が多い」）※の導入の可能性が考えられます。ただし、ルーブリックは、評価指針という言葉が当てられているように、評価規準とは異なり評価基準と言えます。目標に準拠した評価は、評価基準ではなく評価規準を用いて行うことに留意が必要です。ゆえに我が国におけるパフォーマンス評価にはルーブリックはなじまず、評価規準が適当です。目標に準拠した評価は、「評定のための評価」ではなく、一人一人の児童生徒の資質・能力を育成するために適した評価です。さらには働き方のことも鑑み、妥当性や信頼性を担保した上で、持続可能な評価の在り方を追究していくことも大切です。学習評価のねらいを踏まえて、目の前の児童生徒の実態に即して、資質・能力の育成を図るためには何が最適なのかよく検討して、学習評価を進めることが大切です。ある教育関係の記事で、高等学校において、すべての単元や題材においてルーブリックを策定することが喫緊の課題だということが述べられていました。すべての単元や題材において策定しなければならないのは、評価規準です。学習評価についての正しい理解と適切な運用が望まれます。

## 4

# パフォーマンス評価を通した主体的に学習に取り組む態度の育成と評価

内容のまとまり、単元や題材におけるパフォーマンス評価では、そのまとまりにおける資質・能力を評価して指導に生かし、児童生徒の資質・能力を育成することができます。その際、パフォーマンス評価における評価規準は児童生徒と共有し、パフォーマンスを自ら評価して改善できるようにしておくことで、主体的に学習に取り組む態度の育成と評価を行うことができます。

※田中耕治編著『パフォーマンス評価　思考力、判断力、表現力を育む授業づくり』ぎょうせい、p.16、2011

（田中保樹）

# 2 「指導と評価の一体化」において

## 1 ある程度のまとまりにおける「指導と評価の一体化」

〔知識及び技能〕は、基礎的・基本的な知識や技能であれば単位時間で習得を図れるものもあるかもしれません。ただ、理解をより深めたり技能を熟達させたりするには、単元や題材などある程度のまとまりが必要となります。また、単元や題材に関する〔思考力、判断力、表現力等〕や〔学びに向かう力、人間性等〕は、そのまとまりを通して育成されるものです。

このように、ある程度のまとまりを通して資質・能力を育成するには、「指導と評価の一体化」が欠かせません。指導と評価とは別物ではなく、評価によって得られた情報を基に後の指導を改善したり充実させたりします。さらに指導の成果を再度、評価することも、時には必要です。「評価のための評価」や「評定のための評価」に終わらせることなく、指導に生かす評価を充実させ、指導や学習の質を高めることで、児童生徒の資質・能力を育成します。

## 2 「主体的に学習に取り組む態度」の評価

やる気がない状態で物事に取り組むと、効率が悪く目標を達成できなかったり、思考や理解が進まなかったりすることは、誰でも経験があるのではないでしょうか。主体的に学習に取り組むからこそ、〈知識及び技能〉を身に付け、〈思考力、判断力、表現力等〉を育成することができます。ゆえに、三つの資質・能力をバランスよく育成するための指導と評価が大切です。

なお、〈学びに向かう力、人間性等〉は、観点別学習状況の評価の「主体的に学習に取り組む態度」の観点において目標に準拠した評価として評価する部分と、感性や思いやりなど個人内評価として評価する部分があることに留意が必要です。また、その三つの資質・能力の関連を踏まえるならば、観点別学習状況の評価における「主体的に学習に取り組む態度」は、「知識・技能」と「思考・判断・表現」を踏まえて評価します。例えば、単元や題材などある程度のまとまりにおける振り返りにおいて、「楽しかった」や「やりがいがあった」

などの感想だけでなく、単元や題材の見通しを踏まえ「分かったこと」や「できるようになったこと」、そして「新たな課題」や「今後の取組に向けて」などを可視化することで、児童生徒の学習への取組の状況を把握することができ、「主体的に学習に取り組む態度」の評価を行うことができるようになります。このような振り返りを促す指導を工夫することで、主体的に学習に取り組む態度を養うとともに評価することが大切です。

## 3 「指導と評価の一体化」を通した主体的に学習に取り組む態度の育成と評価

三つの資質・能力の関連を踏まえるならば、〈知識及び技能〉と〈思考力、判断力、表現力等〉と同じように、〈学びに向かう力、人間性等〉も評価する前に指導して育成することが大切です。三つの資質・能力を育てることなく、いきなり評価するのはあり得ないことです。

主体的に学習に取り組む態度を指導して育成する例として、単元や題材などある程度のまとまりにおいて、児童生徒が「評価・改善」を行う学習活動を位置付けることが考えられます。次は、各教科等における例です。

①「評価・改善」するパフォーマンス（技能、思考や表現など／文字、図、表、描画、音声、操作、身体表現、運動など）を明確化する。

②「評価・改善」するパフォーマンスを、ノートや学習シートなどの記述、作品、ICT機器を利用して作成した成果物、撮影した写真や動画などを利用して可視化する。

③「評価・改善」する際のねらいやポイントを示す。

④そのねらいやポイントを踏まえ、パフォーマンスを批判的（クリティカル）、多面的、総合的に捉えて、妥当性を高めたりよりよくしたりすることができるように指導や支援を行う。

⑤相互に「評価・改善」を行う際、他者を否定したり攻撃したりすることがないよう指導に留意し、建設的な提案や話合いができるようにする。改善点を指摘する場合は、その方策を示したり一緒に考えたりすることができるとよいことを確認する。

以上のような、児童生徒による「評価・改善」を行う学習活動の指導や支援を行うことによって「指導と評価の一体化」を図り、主体的に学習に取り組む態度を育成するとともに、〈思考力、判断力、表現力等〉の育成と〈知識及び技能〉の習得を促すことが考えられます。

（田中保樹）

# 3 見通しと振り返りにおいて

## 1 学習活動としての自己評価・相互評価を通して

「主体的に学習に取り組む態度」を評価するには、教師の指導によって、単元や題材の目標の実現のために粘り強く取り組もうとする態度や、学習を自ら調整できるための資質・能力、つまりメタ認知や自己評価・相互評価に関する資質・能力を育成することが前提となります。その育成を図るには、単元や題材における次（つぐ）などのまとまりごとや学習の過程における節目において、児童生徒が自らの学習を振り返り、その後の学習の見通しをもつことができるような機会を設定して、その「指導と評価の一体化」を充実させることが大切です。図1は、中学校理科の科学的な探究における「指導と評価の一体化」のイメージを表しています。探究の過程の節目として、問題の発見、課題の設定、観察、実験の計画、その実施、結果の考察（分析・解釈）があります。それらの節目において、必要に応じて振り返りを実施して、その評価から指導に生かすことで「指導と評価の一体化」を充実させ、より妥当な探究を行えるようにしていきます。

## 2 学習の状況の可視化と振り返り

単元や題材における次（つぐ）や学習の過程における節目において、振り返りを可能にするための一つの方策として、学習の状況を可視化できるようにすることが挙げられます。紙であれば、それま

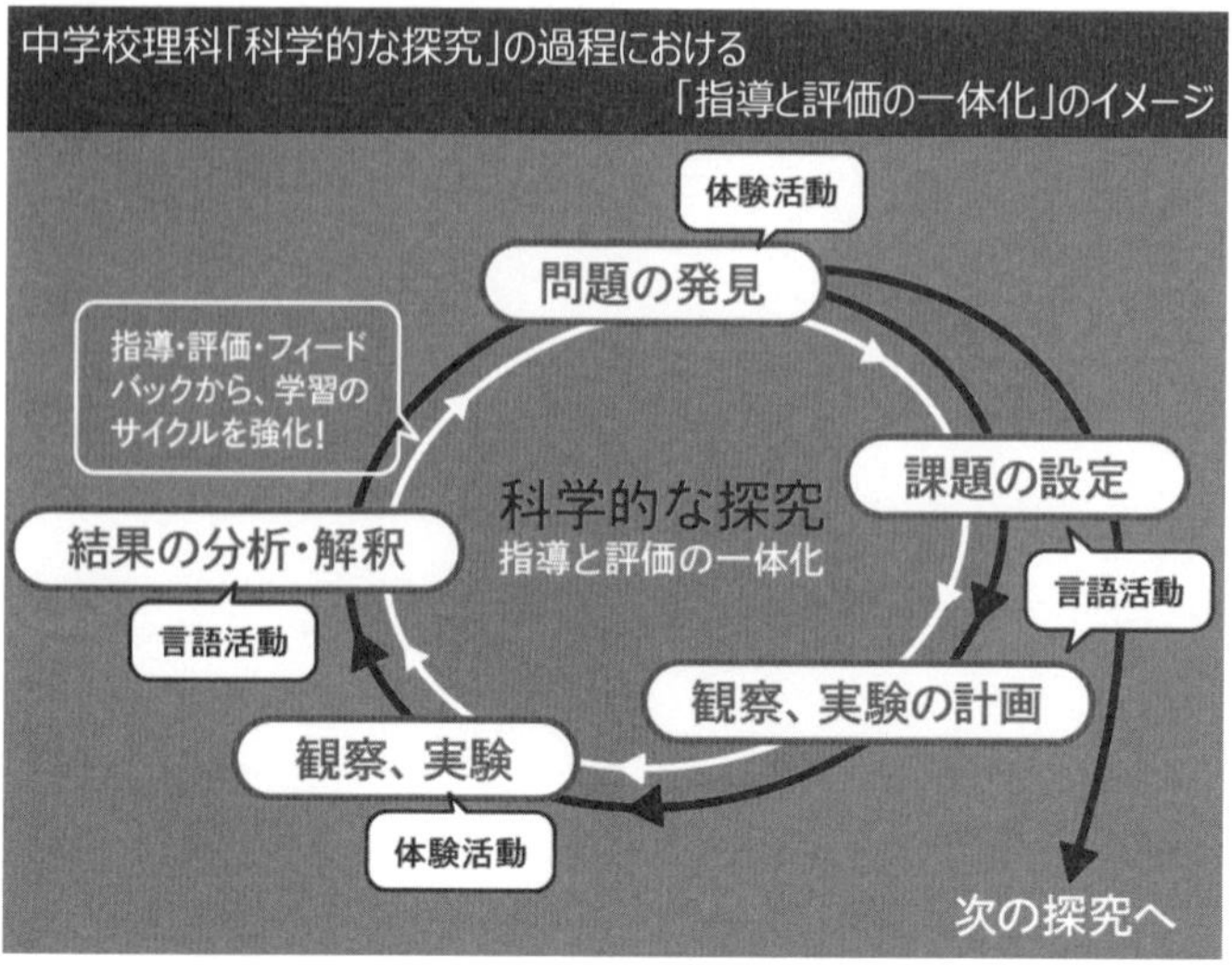


図1　学習の過程における節目における「指導と評価の一体化」のイメージ（例）
出典：『資質・能力を育成する科学的な探究と学習評価』

での学習の状況が一元化されているような学習の記録や自己評価表などのシートの導入が考えられます。その際、単元や題材における学習前、学習中、学習後の自身の状況を把握できると、振り返りや見通しをもちやすくなります。図2はその例で、第Ⅲ章の図4における「スタディログ」に、学習前、学習中、学習後を示したものです。

タブレットなどの電子デバイスのカメラ機能を利活用すれば、様々なパフォーマンスを写真や動画として撮影して再生し、即時的に確認することができます。このことは、小・中

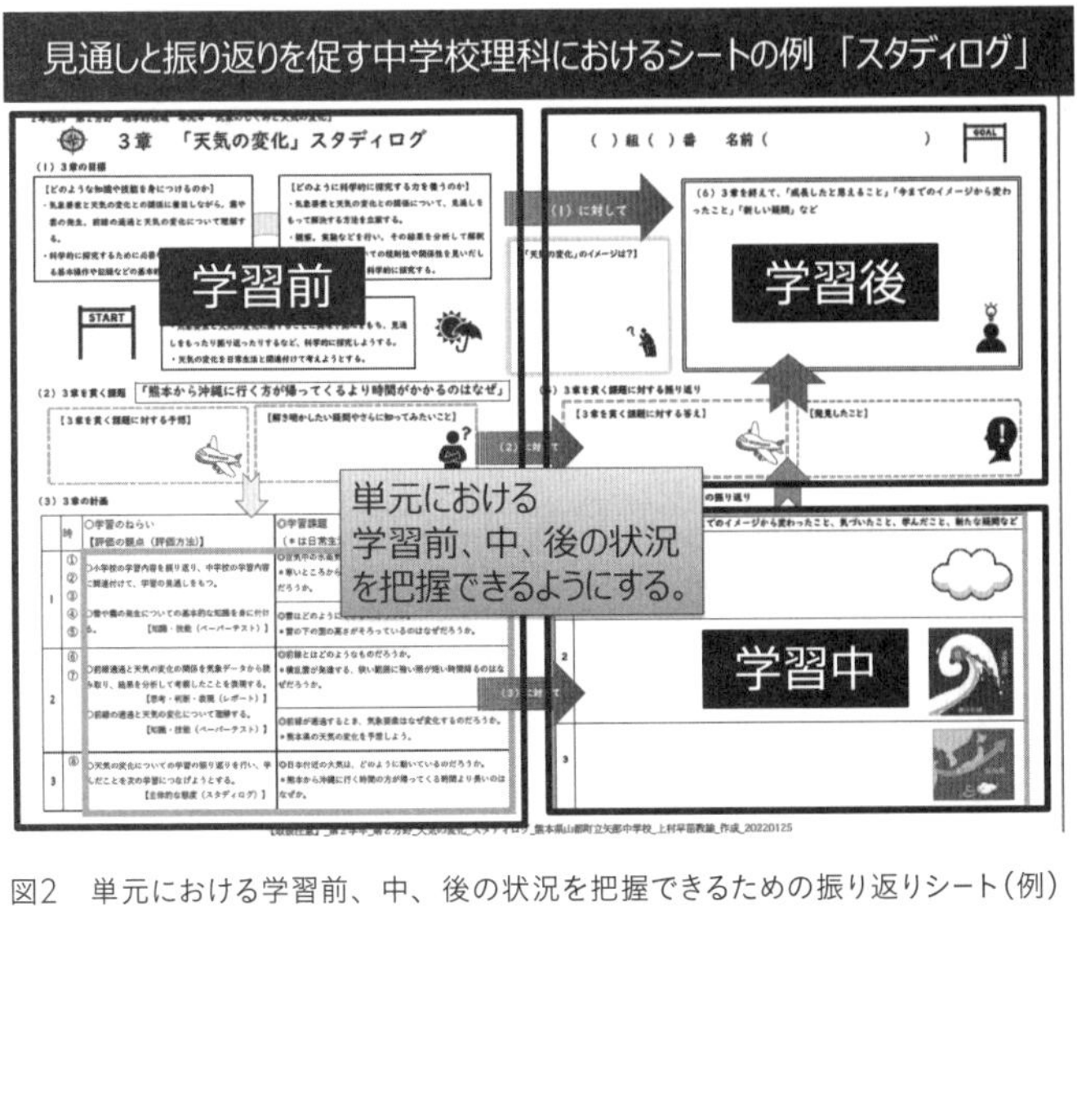


図2 単元における学習前、中、後の状況を把握できるための振り返りシート(例)

学校において1人1台端末となった現在、多くの学校で行われていることでしょう。このようにして、学習の状況を児童生徒が捉えることが可能となれば、学習評価としての自己評価を行うことができます。

## 3 見通しをもてるようにするために

振り返りでは、批判的（クリティカル）、多面的、総合的に捉えて、妥当性を高めたり、パフォーマンスをよりよくしたりします。批判的とは、ネガティブなことを批判したりパフォーマンスを否定したりすることではなく、「これでよいのか」や「本当に適当か」などと改めて考えたり検討し合ったりして、修正を図ったりよりよくしたりすることです。このようにして振り返りにおける学習活動としての自己評価や相互評価は、自分やグループのパフォーマンスをよりよくして、さらには、その後の学習の見通しをもてるようにします。

なお、自己評価と相互評価は、児童生徒による学習活動であることに留意が必要です。児童生徒が自己評価と相互評価において、共有している評価規準を踏まえてABCなどの評定をしたとしても、それらを教師の学習評価における総括のための資料とするようなことはあってはならないことです。自己評価、相互評価については、中央教育審議会「児童生徒の学習評価の在り方について（報告）」（平成22年3月24日、12頁）で次のように示されています。

**なお、児童生徒が行う自己評価や相互評価は、児童生徒の学習活動であり、教師が行う評価活動ではないが、児童生徒が自身のよい点や可能性について気付くことを通じ、主体的に学ぶ意欲を高めること等学習の在り方を改善していくことに役立つことから、積極的に取り組んでいくことも重要である。**

単元や題材における次（つぐ）などのまとまりごとや学習の過程における節目における振り返りにおいて、児童生徒による自己評価や相互評価とともに、教師による「指導と評価の一体化」を通して、児童生徒が見通しをもてるように促し、主体的に学習に取り組む態度の育成を図るようにしましょう。

（田中保樹）

# 4 〔知識及び技能〕の習得と「知識・技能」の評価において

## 1 〔知識及び技能〕の習得

〔知識及び技能〕は、確かな学力のみならず「生きる力」全体を支えるものであり、学習指導要領においては、各教科等において育成することを目指す〔知識及び技能〕とは何かが、発達の段階に応じて明確にされています。この知識と技能について、例えば中学校の解説総則編では、次のように説明されています（37頁）。

**知識については、生徒が学習の過程を通して個別の知識を学びながら、そうした新たな知識が既得の知識及び技能と関連付けられ、各教科等で扱う主要な概念を深く理解し、他の学習や生活の場面でも活用できるような確かな知識として習得されるようにしていくことが重要となる。**

**技能についても同様に、一定の手順や段階を追っていく過程を通して個別の技能を身に付けながら、そうした新たな技能が既得の技能等と関連付けられ、他の学習や生活の場面でも活用できるように習熟・熟達した技能として習得されるようにしていくことが重要となるため、知識と同様に「主体的・対話的で深い学び」が必要となる。**

ここに示されている「他の学習や生活の場面でも活用できる」ということは、学校教育法第30条2項に「生涯にわたり学習する基盤が培われるように、基礎的な知識及び技能を習得させるとともに、これらを活用して課題を解決するために必要な思考力、判断力、表現力その他の能力をはぐくみ」とあることを踏まえたものであり、〈知識及び技能〉の習得についての基本的な考え方を示したものです。

## 2 「知識・技能」の評価

「知識・技能」の評価について、31報告では次のように示されています(7頁)。

**「知識・技能」の評価は、各教科等における学習の過程を通した知識及び技能の習得状況について評価を行うとともに、それらを既有の知識及び技能と関連付けたり活用したりする中で、他の学習や生活の場面でも活用できる程度に概念等を理解したり、技能を習得したりしているかについて評価するものである。**

具体的には「新しい学習指導要領に示された知識及び技能に関わる目標や内容の規定を踏まえ、各教科等の特質に応じた評価方法の工夫改善を進めることが重要である」と指摘し、次のように述べています(8頁)。

**具体的な評価方法としては、ペーパーテストにおいて、事実的な知識の習得を問う問題と、知識の概念的な理解を問う問題とのバランスに配慮するなどの工夫改善を図るとともに、例えば、児童生徒が文章による説明をしたり、各教科等の内容の特質に応じて、観察・実験をしたり、式やグラフで表現したりするなど実際に知識や技能を用いる場面を設けるなど、多様な方法を適切に取り入れていくことが考えられる。**

「知識・技能」の評価に関し、「知識・技能はペーパーテストで評価すればよい」とする考え方もありますが、ペーパーテストでは評価することが難しい知識や理解、技能もあります。技能については、いわゆる「実技テスト（狭義のパフォーマンス評価）」で評価することが考えられるほか、31報告に述べられているとおり、「主体的、対話的で深い学び」を目指す学習として「観察・実験をしたり、式やグラフで表現したりするなど実際に知識や技能を用いる場面」を設定し、その内容を「説明」する言語活動を行いながら、そこでの学びをレポート等の形式の成果物にまとめ、それを評価の資料とすることも可能です。

## 3 「知識・技能」の評価規準の作成

単元や題材等の授業に当たっては、学習指導要領の規定から「内容のまとまりごとの評価規準」を作成します。ここでの「内容のまとまり」とは、学習指導要領に示された各教科等の「2 内容」の項目等を、そのまとまりごとに細分化したり整理したりしたものです。

評価規準の作成について、「学習評価に関する参考資料」では、次のように説明しています

（中学校国語、14～15頁）。

**平成29年改訂学習指導要領においては資質・能力の三つの柱に基づく構造化が行われたところであり、基本的には、学習指導要領に示す各教科等の「第2 各学年（分野）の目標及び内容」の「2 内容」において、「内容のまとまり」ごとに育成を目指す資質・能力が示されている。このため、「2 内容」の記載はそのまま学習指導の目標となりうるものである。学習指導要領の目標に照らして観点別学習状況の評価を行うに当たり、児童生徒が資質・能力を身に付けた状況を表すために、「2 内容」の記載事項の文末を「～すること」から「～している」と変換したもの等を、本参考資料において「内容のまとまりごとの評価規準」と呼ぶこととする。**

すなわち、各教科等において評価の対象とする内容は、各教科等の学習指導要領の「2 内容」に示されている指導「事項」を基に、その文末を「～している」と変換し、「内容のまとまりごとの評価規準」とすることが基本となります。

（三藤敏樹）

## 5 〈思考力、判断力、表現力等〉の育成と「思考・判断・表現」の評価において

### 1 〈思考力、判断力、表現力等〉の育成

生徒が「理解していることやできることをどう使うか」に関わる〈思考力、判断力、表現力等〉の重要性は、変化が激しく予測困難な時代に向けてますます高まっています。〈知識及び技能〉と〈思考力、判断力、表現力等〉は、思考力、判断力、表現力等を発揮することを通して、深い理解を伴う知識が習得され、それによりさらに思考力、判断力、表現力等も高まるという相互の関係にあると言えます。

〈思考力、判断力、表現力等〉は、学校教育法第30条第2項において、〈知識及び技能〉を活用して課題を解決するために必要な力と規定されています。この「知識及び技能を活用して課題を解決する」という過程について、解説総則編では、次の三つに整理しています（中学校38頁）。

・物事の中から問題を見いだし、その問題を定義し解決の方向性を決定し、解決方法を探して計画を立て、結果を予測しながら実行し、振り返って次の問題発見・解決につなげていく過程

・精査した情報を基に自分の考えを形成し、文章や発話によって表現したり、目的や場面、状況等に応じて互いの考えを適切に伝え合い、多様な考えを理解したり、集団としての考えを形成したりしていく過程

・思いや考えを基に構想し、意味や価値を創造していく過程

各教科等において求められる〔思考力・判断力・表現力等〕を育成していく上では、こうした学習過程の違いに留意することが重要です。このことは、言語能力、情報活用能力及び問題発見・解決能力、現代的な諸課題に対応して求められる資質・能力の育成を図る上でも同様です。

## 2 「思考・判断・表現」の評価

「思考・判断・表現」の評価について、31報告では次のように示されています（8〜9頁）。

**「思考・判断・表現」の評価は、各教科等の知識及び技能を活用して課題を解決する等のために必要な思考力、判断力、表現力等を身に付けているかどうかを評価するものである。**
**（中略）新学習指導要領に示された、各教科等における思考力、判断力、表現力等に関わる目標や内容の規定を踏まえ、各教科等の特質に応じた評価方法の工夫改善を進めることが重要である。**

例えば中学校国語科においては、「1 目標」に「言葉による見方・考え方を働かせ、言語活動を通して」とあり、「解説」では(思考力・判断力・表現力等)について「(2)に示している言語活動例を参考に、生徒の発達や学習の状況に応じて設定した言語活動を通して、(1)の指導事項を指導する」と説明されています（17頁、傍線は引用者）。このような言語活動・

学習活動を通した「思考・判断・表現」の評価について、31報告では次のように示されています(9頁)。

**具体的な評価方法としては、ペーパーテストのみならず、論述やレポートの作成、発表、グループでの話合い、作品の制作や表現等の多様な活動を取り入れたり、それらを集めたポートフォリオを活用したりするなど評価方法を工夫することが考えられる。**

「思考・判断・表現」の評価では、単に結果としての評価だけでなく、前述のとおり学習の過程における学びを対象とした評価が求められています。したがって、「思考・判断・表現」の評価は、ペーパーテストだけでなく、表出されたパフォーマンスを評価の対象とする、いわゆる「パフォーマンス評価」によっても行われる必要があります。

「思考・判断・表現」の評価を行うに当たっては「説明」という言語活動を重視したいと考えています。なぜなら、児童生徒が学習の中で「思考」したり「判断」したりした内容を「表現」する場合は、それらをきちんと「説明する」ことができるはずだからです。学習において「思考」や「判断」が不十分な場合は、「説明する」ことができないと考えられます。

## 3 「思考・判断・表現」の評価規準の作成

「思考・判断・表現」の評価規準の作成に当たっては、「知識・技能」と同様に、原則として学習指導要領の「2 内容」の〔思考力・判断力・表現力等〕の指導「事項」から、当該単元で育成する資質・能力に適切な指導「事項」を選択し、文末表現を「〜している」に変換します。このようにして、「内容のまとまりごとの評価規準」を作成することになります。

（三藤敏樹）

# 6 〈学びに向かう力、人間性等〉の涵養と「主体的に学習に取り組む態度」の評価において

## 1 「非認知能力」としての〈学びに向かう力、人間性等〉

2015年に発表されたOECDのワーキングペーパー「家庭、学校、地域社会における社会情動的スキルの育成」※は、「認知的スキルは重要であるが、忍耐力、自制心、逆境に打ち克つ力などの社会情動的スキルも同じく重要である」と指摘し、次頁の図のようなフレームワークで整理しています（13頁）。

学習指導要領の改訂に向けて、「認知的スキル」は「認知能力」、「社会情動的スキル」は「非認知能力」として、主に幼児教育の文脈で多くの議論がなされました。そして、今回整理された資質・能力の三つの柱について、〈知識及び技能〉〈思考力、判断力、表現力等〉が「認知的スキル」すなわち「認知能力」に、〈学びに向かう力、人間性等〉は「社会情動的スキル」す

なわち「非認知能力」に重なるものとして捉えることができます。

従来、幼児教育というと「読み・書き・そろばん」や思考力等の知的な教育が重視されてきましたが、近年では特に欧米において認知能力の土台となる非認知能力が重要視されるようになってきています。我が国でも、学習に対する「意欲・興味・関心」といったものは重視されてきましたが、下図に示されている「忍耐力」（粘り強さ）や「目標への情熱」（挑戦する気持ち）といったものはあまり重視されてこなかったのではないでしょうか。しかし、これらを含めた非認知能力は、31報告にも『学びに向かう力、人間性等』は、知識及び技能、思考力、判断力、表現力等をどのような方向性で働かせていくかを決定付ける重要な要素であ

認知的スキル、社会情動的スキルのフレームワーク

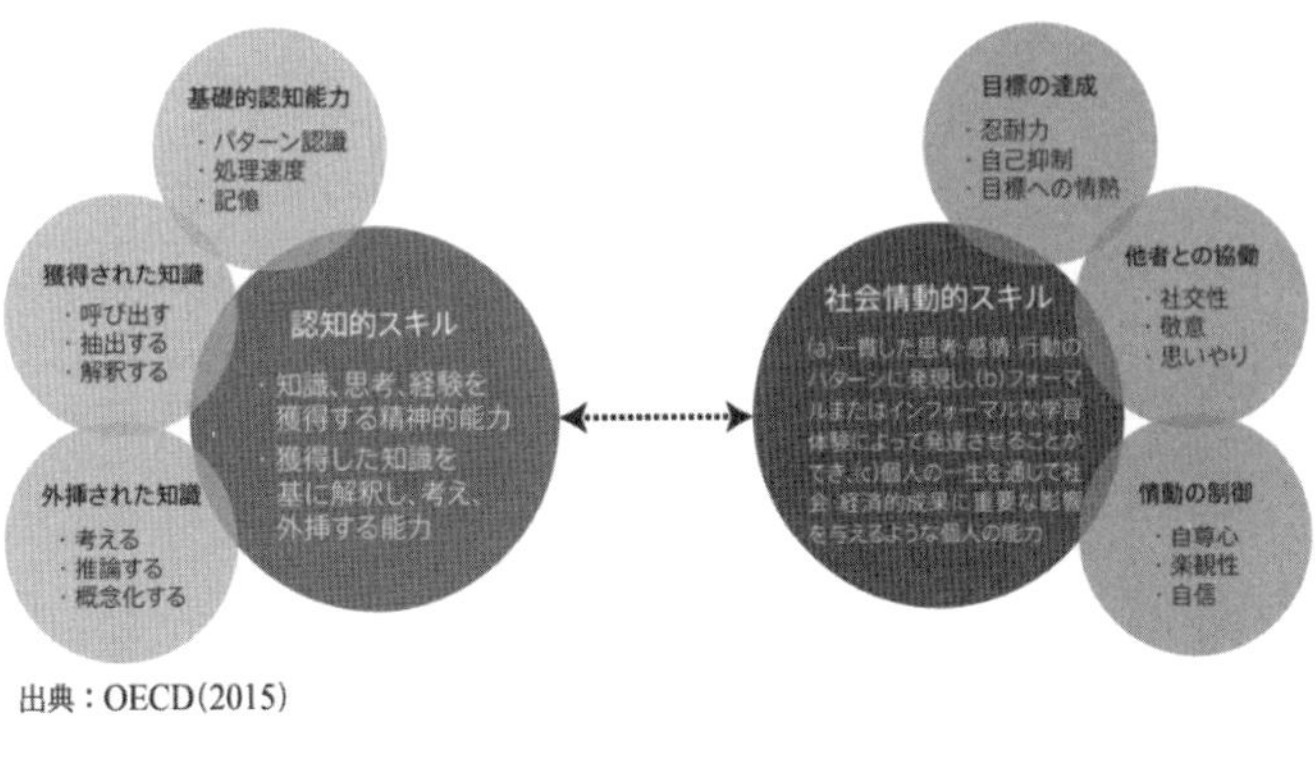


出典：OECD(2015)

り、学習評価と学習指導を通じて『学びに向かう力、人間性等』の涵養を図ることは、生涯にわたり学習する基盤を形成する上でも極めて重要である」（10頁）と示されているとおり、幼児のみならず児童生徒の学習の基盤となるものであり、認知能力と非認知能力は相互に作用しながら伸びていくということを押さえておく必要があります。このことは、よく知られている「育成すべき資質・能力の三つの柱」の図示において、〔学びに向かう力、人間性等〕が頂点にあり、そこから〔知識及び技能〕と〔思考力・判断力・表現力等〕2本の線が伸びて三角形を構成していることからもうかがうことができます。

## 2 学習指導要領における〔学びに向かう力、人間性等〕

解説総則編では、「学びに向かう力、人間性等を涵養すること」について、次のように述べています。（中学校39頁）。

**生徒一人一人がよりよい社会や幸福な人生を切り拓いていくためには、主体的に学習に取り組む態度も含めた学びに向かう力や、自己の感情や行動を統制する力、よ**

**りよい生活や人間関係を自主的に形成する態度等が必要となる。これらは、自分の思考や行動を客観的に把握し認識する、いわゆる「メタ認知」に関わる力を含むものである。こうした力は、社会や生活の中で生徒が様々な困難に直面する可能性を低くしたり、直面した困難への対処方法を見いだしたりできるようにすることにつながる重要な力である。 また、多様性を尊重する態度や互いのよさを生かして協働する力、持続可能な社会づくりに向けた態度、リーダーシップやチームワーク、感性、優しさや思いやりなどの人間性等に関するものも幅広く含まれる。**

こうした情意や態度を育むために、学習の場でもあり生活の場でもある学校において、児童生徒一人一人がその可能性を発揮することができるよう、体験活動を含めて、社会や世界との関わりの中で、学んだことの意義を実感できるような学習活動を充実させ、教育活動の充実を図っていくことが大切です。

## 3 〔学びに向かう力、人間性等〕と学習評価

〔学びに向かう力、人間性等〕として示された資質・能力のうち、各教科等において「主体的に学習に取り組む態度」として見取ることができる部分は観点別評価を通じて評価し、「感性、思いやり」など観点別評価や評定にはなじまず、こうした評価では示しきれない児童生徒一人一人のよい点や可能性、進歩の状況については、個人内評価の対象としています。児童生徒が学習したことの意義や価値を実感できるよう、日々の教育活動等の中で本人に伝えたり、面談の機会や通知表等を通じて本人や保護者に伝えたりすることが重要です。

（三藤敏樹）

※池迫浩子・宮本晃司著、ベネッセ教育総合研究所（訳）「家庭、学校、地域社会における社会情動的スキルの育成：国際的エビデンスのまとめと日本の教育実践・研究に対する示唆」OECDワーキングペーパー、2015

# 7 三つの観点と評定の関係において

## 1 学習評価の計画

日々の授業においては、児童生徒の資質・能力の育成が実現されたかどうかについて、評価規準に照らして観察・評価し、「指導と評価の一体化」を図ることが大切です。そのためには、授業の過程において、いつ、どのような方法で観点別学習状況の評価を行い、それを記録するかについて、指導と評価の計画を立てておく必要があります。このことについて、「学習評価に関する参考資料」では、次のように指摘しています（中学校国語、16頁）。

**毎時間児童生徒全員について記録を取り、総括の資料とするために蓄積することは現実的でないことからも、児童生徒全員の学習状況を記録に残す場面を精選し、かつ適切に評価するための評価の計画が一層重要になる。**

そしてもちろん、「いつ、どのような方法で」観点別学習状況の評価を行うのかは、「学びのプラン」等によってあらかじめ児童生徒と共有しておくことが求められます（インフォームドコンセント）。

## 2　観点別学習状況の評価の総括と評定

各教科の学習評価は、学習状況を分析的に捉える「観点別学習状況の評価」と、これらを総括的に捉える「評定」の両方について、学習指導要領に定める目標に準拠した評価として実施するものとされています。そして、日々の授業（単元や題材等）において記録され蓄積された評価は、学期末や学年末といった節目で総括され、通知表や面談等で児童生徒及び保護者に伝えられ、また学年末には指導要録に記載されることになります。

31通知では、指導要録について、例えば中学校では次のように示されています（3頁に基づき筆者が作成）。

中学校の指導要録に記載する事項等

1　各教科の学習の記録

(1)　観点別学習状況

学習指導要領に示す各教科の目標に照らして、その実現状況を観点ごとに評価し記入する。その際、

「十分満足できる」状況と判断されるもの：A

「おおむね満足できる」状況と判断されるもの：B

「努力を要する」状況と判断されるもの：C

のように区別して評価を記入する。

(2)　評定

各教科の評定は、学習指導要領に示す各教科の目標に照らして、その実現状況を、

「十分満足できるもののうち、特に程度が高い」状況と判断されるもの：5

「十分満足できる」状況と判断されるもの：4

「おおむね満足できる」状況と判断されるもの：3

**「努力を要する」状況と判断されるもの：2**

**「一層努力を要する」状況と判断されるもの：1**

**のように区別して評価を記入する。**

**評定は各教科の学習を総括的に評価するものであり、「観点別学習状況」において掲げられた観点は、分析的な評価を行うものとして、各教科の評定を行う場合において基本的な要素となるものであることに十分留意する。その際、評定の適切な決定方法等については、各学校において定める。**

総括を行う際、観点別学習状況の評価に係る記録が、観点ごとに複数ある場合の総括の方法について、「学習評価に関する参考資料」では、「評価結果のA、B、Cの数を基に評価する場合（何回か行った評価結果のA、B、Cの数が多いものが、その観点の学習の実施状況を最もよく表現しているとする考え方に立つ総括の方法）」と、「評価結果のA、B、Cを数値に起き換えて総括する場合（何回か行った評価結果A、B、Cを、例えばA＝3、B＝2、C＝1のように数値によって表し、合計したり平均したりする総括の方法）」の二つを例示しています。（中学校国語、17頁）

そして、観点別学習状況の評価を評定へと総括します。評定は、どの教科の学習に望ましい学習状況が認められ、どの教科の学習に課題が認められるのかを明らかにすることにより、教育課程全体を見渡した学習状況の把握、指導や学習の改善に生かすことを可能とするものです。観点別学習状況の評価の評定への総括は、各観点の評価結果をA、B、Cの組合せ、またはA、B、Cを数値で表したものに基づいて総括し、その結果を小学校では3段階、中学校では5段階で表します。これについて、「学習評価に関する参考資料」では、次のように指摘しています（中学校国語、17頁）。

**この数値を児童生徒の学習状況について三つ（小学校）または五つ（中学校）に分類したものとして捉えるのではなく、常にこの結果の背景にある児童生徒の具体的な学習の実現状況を思い描き、適切に捉えることが大切である。**

そして、観点別学習状況の評価の観点ごとの総括及び評定への総括の考え方や方法についても、各学校のカリキュラム・マネジメントにおいて教師間で共通理解を図るとともに、児童生徒及び保護者に十分説明し、理解を得ることが大切です。

（三藤敏樹）

# 8 高等学校において

高等学校においても、令和4年度入学生から観点別学習状況の評価の観点が「知識・技能」「思考・判断・表現」「主体的に学習に取り組む態度」の三観点に整理されました。「指導と評価の一体化」を図るに当たって、「主体的に学習に取り組む態度」の評価をめぐる高等学校の現状と課題について考えていきます。

## 1 「主体的に学習に取り組む態度」の評価

主体的に学習に取り組む態度を育成していくためには、これまでのような教師の発問と説明と指示によって行われる授業ではなく、生徒の「主体的・対話的で深い学び」からの視点の授業改善を図る中で、適切に評価していくことが求められています。そこでの評価は、その単元・題材等で目標とする資質・能力としての〈知識及び技能〉〈思考力、判断力、表現力等）を育成することに向け、生徒の粘り強い取組と自らの学習を調整しようとする主体的な二つの態度から評価することが重要です。高等学校においても、全ての教師がこれらのことを共通理解し、その重要性を意識して、学習評価を行う必要があります。

## 2 高等学校の現状と課題

### [1]「主体的に学習に取り組む態度」の評価方法の実際

全国高等学校長協会教育課題検討委員会において、令和4年7月に全国の高等学校・中等教育学校（一部特別支援学校）校長（3721校）を対象に「学校の教育力向上を目

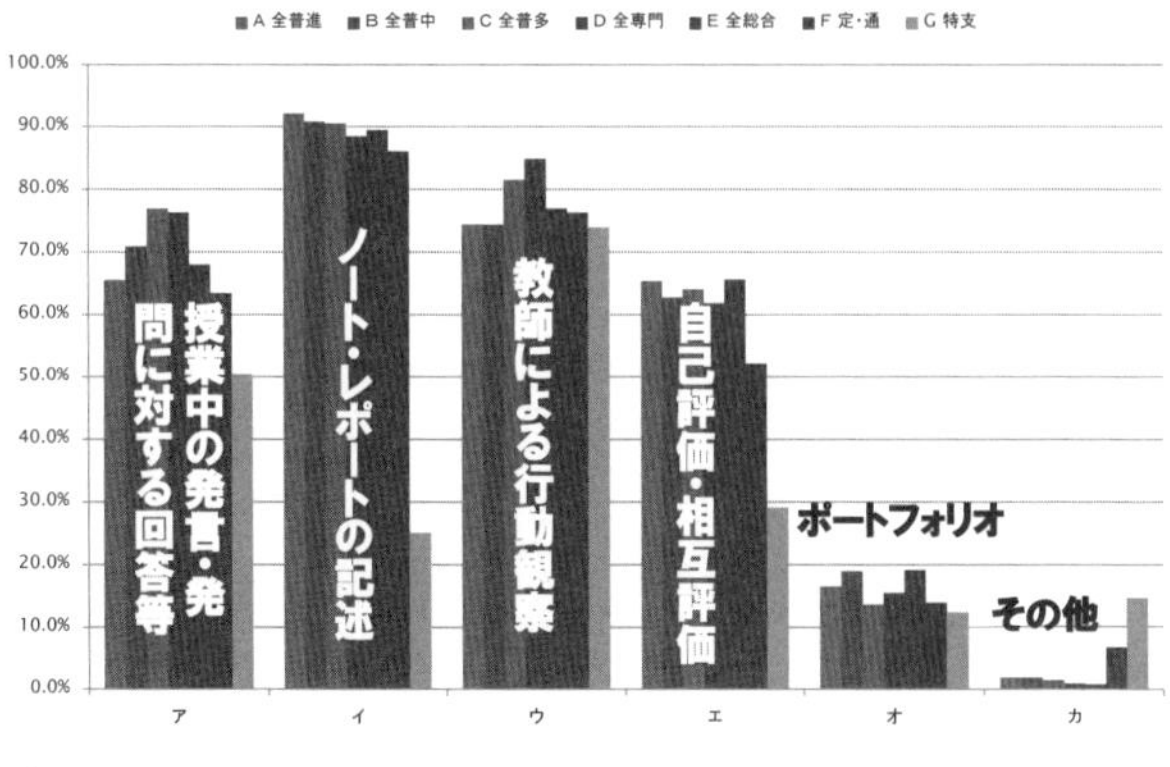


図1 「主体的に学習に取り組む態度」の具体的な評価方法（筆者作成）

指して（パートⅦ）～令和の日本型学校教育の実現に向けた学校経営～」をテーマにアンケートを実施しました。その質問項目の中に「主体的に学習に取り組む態度」の具体的な評価の方法についてはどのように実施していますか」（複数回答可）とあり、結果は図1のようになっています。

「主体的に学習に取り組む態度」というのは、評価が難しい観点です。アの「授業中の発言や教師の発問に対する回答」による評価、イの「ノートやレポート等の記述」による評価は、妥当性・信頼性という点で適切な方法だと考えます。ウの「教師による行動観察」による評価は、評価規準を明確にして臨む必要があります。すなわち、「何を学ぶか」「どのように学ぶか」「何ができるようになるか」を明確にした授業づくりが求められます。

「生徒に当該単元・題材等の評価規準を示すことは、生徒にゴールを見せることになり、生徒が直接的な力を伸ばすことのみに目が向きがちになる」という懸念を指摘する向きもありますが、事前に評価規準を示すことにより、生徒は身に付けるべき資質・能力を自覚することができ、汎用的な資質・能力の育成を図ることにつながります。

さらに、エの「自己評価・相互評価」等についても学習活動としては重要ですが、学習評価はあくまでも教師が行うものであり、自己評価や相互評価をそのまま学習評価とすることはできません。

目標に準拠した評価では、「おおむね満足できる」状況（以下「B」）が評価規準として学習指導要領に示されています。「十分満足できる」状況（以下「A」）には、Bを超えた様々な状況があります。また、「努力を要する」状況（以下「C」）は、Bを実現するよう指導が求められます。この「B」「A」「C」は、評価の段階ではなく、学習の実現状況を示しているものです。それゆえ「3段階」という語を用いることは不適切です。

なお、ルーブリックは、学習課題ごとに評価基準としての段階性を示すものであり、日本の学校教育で行われている学習評価とは異なる趣旨の評価の方法です。したがって、それを用いることは、目標に準拠した評価としては疑問が残ります。


**［2］「主体的に学習に取り組む態度」の評価の課題**

［1］の校長対象のアンケート結果を踏まえ、「主体的に学習に取り組む態度」の評価の課題を把握するため、令和5年1月に協力校（進学校）の教師（提出任意、30人協力）を対象に、次の設問でアンケートを実施しました。なお、結果は選択数を（　）内に記載し、その他の記述内容については後述しています。

設問1　「主体的に学習に取り組む態度」の具体的な評価方法は？（複数可）
ア　授業中の発言や教師の発問に対する回答等（14）
イ　ノートやレポート等における記述（30）
ウ　教師による行動観察（18）
エ　生徒の自己評価や相互評価等を考慮（14）
オ　上記ア～エの評価方法のうち複数を集めたポートフォリオを活用（6）
カ　その他（週ごとの振り返りをGoogleフォームで回収等）
設問2　「主体的に学習に取り組む態度」の評価に難しさを感じたことがありますか？
ア　ある（15）　イ　たまにある（7）　ウ　あまりない（8）　エ　ない（0）
ア「ある」、イ「たまにある」を選択した先生方にお伺いします。具体的にどんな場面で難しさを感じましたか？（　　　　　　　　）
設問3　「主体的に学習に取り組む態度」を評価する上での課題は何ですか？（複数可）
ア　教員集団の理解（研修の必要性）（20）
イ　生徒・保護者の理解（7）

ウ　時間の確保（ワークシート、振り返りシート作成と評価、レポート評価等）（19）
エ　その他（　　　　）

設問1については、(1)の校長対象に調査した設問と同じものです。傾向は同じですが、イの「ノートやレポート等における記述」の回答数が極めて多いのは、協力校の特徴によるものと考えます。

設問2については、アとイを合わせて22人に上りました。具体的な場面に関する主な回答は次のとおりです。

設問2で挙がった具体的な場面
・数値で表せる評価でないので、客観性があるのか不安（3）
・粘り強い取組と自己調整の二つの側面をどのように評価するのか難しい（3）
・自己評価・相互評価・振り返りシートなどを使えば、じっくり評価できるが、進度を考えるとそれに割く時間が足りない（3）
・パフォーマンステストを実施する時間の捻出（2）成長の過程の変化を評価しにくい

・ルーブリックを示すと生徒はそれ用に発言・記述し、それが本当の評価なのか(2)
・真面目に授業を受け理解も深めているが、アウトプットがない生徒をどう評価するか
・厳密に評価する場合、タスクごとによく練ったルーブリックが必要である
・英会話の評価は、その場でフィードバックするため、ルーブリックを作りづらい
・ノートやレポートの質と主体性が相関関係にあるのか分からない
・実技教科の場合は、技能の評価に引っ張られやすい
など

設問3については、アとウの選択数が多くありました。その他の記述は次のとおりです。

設問3で挙がった課題
・教師集団の理解(定期テストに偏向した評価、単元ごとの評価の在り方)
・ポートフォリオを活用した評価のシステムは、評価人数が多いと時間的に難しい。

31通知では、「主体的に学習に取り組む態度」について、「各教科等の観点の趣旨に照らし，知識及び技能を獲得したり，思考力，判断力，表現力等を身に付けたりすることに向け

た粘り強い取組の中で，自らの学習を調整しようとしているかどうかを含めて評価すること」と示しています。「主体的に学習に取り組む態度」の難しさについて，「数値で表せる評価でないので，客観性があるのか不安」「粘り強い取組と自己調整の二つの側面をどのように評価するのか難しい」等の記述があり，数値で表せる評価でないことからくる妥当性への迷いや，「粘り強さ」や「自己調整」という生徒の学習に対する意思的な側面を評価することに対し，教職員が課題に感じていることが分かりました。また，パフォーマンステストや自己評価・相互評価・振り返りシートに割く時間の捻出，教員側の振り返りシートやレポート等を評価する時間の確保にも苦慮していることが分かりました。

## 3 「主体的に学習に取り組む態度」についての課題解決に向けた手立て

### [1]「主体的に学習に取り組む態度」の観点への理解

学習評価に対する教師の課題や不安を解消するために，まず，「主体的に学習に取り組む態度」の観点の趣旨に対しての理解をさらに深めることが必要です。「主体的に学習に取り組む態度」は「問題や課題を見いだす」「見通しをもつ」「粘り強く取り組む」「工夫して取り組む」「振り返って次につなげる」といった生徒の「主体的な学び」が実現できているかを評価するものです。教師が、単元の中でこうした場面を意図的に設定し、生徒が自ら主体的に学習に向かうような指導の工夫をすることが求められます。

**［2］校内研修等の充実**

「主体的に学習に取り組む態度」の観点への理解を深めていくには、校内研修等の充実が必須です。アンケートの設問3の中でも、「『主体的に学習に取り組む態度』の評価に関する教師集団の理解（研修の必要性）」を課題だと多くの教師が認識しています。

また、28答申でも、教師が行う学習評価の質を高めていくために、研修等の充実を図ることの必要性が示されています。各学校には、学習評価を校内研修に位置付けるなど、学習指導要領や学習評価に関する理解を深め、よりよい学習評価の取組を推進することが求められます。協力校においても「振り返る活動を通した学びに向かう力の育成」のように、校内研究のテーマを授業づくりの視点で設定し、実践を行っています。日々の実践の中で、教師が自らの指導を振り返り、よりよい指導のために工夫をしていくことが大切です。

（加藤俊志）

V章

# 各教科等における主体的に学習に取り組む態度の育成と学習評価

# 1 国語科

## 1 国語科における〔学びに向かう力、人間性等〕

国語科では、「言葉による見方・考え方を働かせ、言語活動を通して、国語で正確に理解し適切に表現する（高等学校では「国語で的確に理解し効果的に表現する」）資質・能力」を育成することが教科の目標であると示されています。その目標を達成するためには、〔知識及び技能〕の習得と〔思考力、判断力、表現力等〕の育成とあわせて、〔学びに向かう力、人間性等〕（表1）の涵養を図る必要があります。

例えば中学校では、国語に対する自覚や関心を高め、話したり聞いたり書いたり読んだりすることを通して言語能力を向上させていく中で、国語を愛護し、国語を尊重して、国語そのものを一層優れたものに向上させていこうとする意識や態度を育てることが求められます。

さらに、小学校・中学校・高等学校いずれの解説国語編においても、〔学びに向かう力、人間性等〕は、〔知識及び技能〕及び〔思考力、判断力、表現力等〕の育成を支えるものであ

表1 「主体的に学習に取り組む態度」に関する国語の目標と観点における趣旨

| | 学習指導要領における〔学びに向かう力、人間性等〕の目標 | 「観点別学習状況の評価」における「主体的に学習に取り組む態度」の趣旨 |
|---|---|---|
| **小学校** | 言葉がもつよさを認識するとともに、言語感覚を養い、国語の大切さを自覚し、国語を尊重してその能力の向上を図る態度を養う。 | 言葉を通じて積極的に人と関わったり、思いや考えを広げたりしながら、言葉がもつよさを認識しようとしているとともに、言語感覚を養い、言葉をよりよく使おうとしている。 |
| **中学校** | 言葉がもつ価値を認識するとともに、言語感覚を豊かにし、我が国の言語文化に関わり、国語を尊重してその能力の向上を図る態度を養う。 | 言葉を通じて積極的に人と関わったり、思いや考えを深めたりしながら、言葉がもつ価値を認識しようとしているとともに、言語感覚を豊かにし、言葉を適切に使おうとしている。 |
| **高等学校** | 言葉がもつ価値への認識を深めるとともに、言語感覚を磨き、我が国の言語文化の担い手としての自覚をもち、生涯にわたり国語を尊重してその能力の向上を図る態度を養う。 | 言葉を通じて積極的に他者と関わったり、思いや考えを深めたりしながら、言葉のもつ価値への認識を深めようとしているとともに、言語感覚を磨き、言葉を効果的に使おうとしている。 |

り、あわせて育成を図ることが重要であることが示されています。

## 2 「主体的に学習に取り組む態度」の評価規準の作成

31通知には、「主体的に学習に取り組む態度」の趣旨(表1)が示されています。国語科の授業においては、「知識・技能」「思考・判断・表現」「主体的に学習に取り組む態度」の三つの観点を単元ごとに設定し、その実現状況を「A　十分満足できる」「B　おおむね満足できる」「C　努力を要する」状況で評価します。このうち「B　おおむね満足できる」状況は、国語に各学年・科目ごとに示されている「2　内容」の指導「事項」であり、それらを全ての児童生徒に対して、資質・能力として育成することが授業の目標です。「主体的に学習に取り組む態度」の評価規準は、各単元の「知識・技能」と「思考・判断・表現」として育成する資質・能力(評価規準)を用いて、次のように作成します。

**主体的に(当該単元で取り上げる「知識・技能」)を習得したり、(当該単元で取り上げる「思考・判断・表現」)を身に付けたりすることに向けて、粘り強い取組を行うと**

**ともに、自らの学習を調整しようとしている。**

## 3 「主体的に学習に取り組む態度」の評価

「主体的に学習に取り組み態度」の評価では、国語科における〈知識及び技能〉と〈思考力、判断力、表現力等〉を身に付けることに向けて、粘り強く取り組んでいるかどうか、自らの学習を調整しながら学ぼうとしているかどうか、という意思的な側面を評価します。

言語活動については、国語の「2 内容」における〈思考力・判断力・表現力等〉の「A 話すこと・聞くこと」「B 書くこと」「C 読むこと」のそれぞれに、「(2) (1)に示す事項については、例えば、次のような言語活動を通して（下線筆者）指導する」と示されており、言語活動は〈思考力、判断力、表現力等〉の資質・能力を育成するための活動として位置付けられているものです。したがって、「主体的に学習に取り組む態度」は言語活動そのものへの取組を評価するものではないことに注意する必要があります。

（三藤敏樹）

# 2 社会科

## 1 社会科における〔学びに向かう力、人間性等〕

社会科の目標に位置付けられている〔学びに向かう力、人間性等〕（表1）の涵養には、社会科に関する〔知識及び技能〕及び〔思考力、判断力、表現力等〕の育成に向けて、問題や課題を追究したり解決したりする学習活動を積み重ねていくことが求められています。この視点を踏まえた学習活動の展開や適切な学習評価によって、社会科が目指す資質・能力全体の育成が図られることになります。

また、問題や課題を追究したり解決したりするためには、「社会的な見方・考え方」を働かせることが重要であり、学習指導要領において各校種や分野の「社会的な見方・考え方」が整理されました。社会的事象を追究する中で「社会的な見方・考え方」と関連させた児童生徒の学習状況の評価については、「多角的な思考や理解を通して」（小学校）、「多面的・多角的な考察や深い理解を通して」（中学校、高等学校）に見ることができます。

表1 「主体的に学習に取り組む態度」に関する
社会科の目標と観点における趣旨（下線は引用者）

| | 学習指導要領における〔学びに向かう力、人間性等〕の目標 | 「観点別学習状況の評価」における「主体的に学習に取り組む態度」の趣旨 |
|---|---|---|
| **小学校** | 社会的事象について、よりよい社会を考え主体的に問題解決しようとする態度を養うとともに、多角的な思考や理解を通して、地域社会に対する誇りと愛情、地域社会の一員としての自覚、我が国の国土と歴史に対する愛情、我が国の将来を担う国民としての自覚、世界の国々の人々と共に生きていくことの大切さについての自覚などを養う。 | 社会的事象について、国家及び 社会の担い手として、よりよい 社会を考え主体的に問題解決しようとしている。 |
| **中学校** | 社会的事象について、よりよい社会の実現を視野に課題を主体的に解決しようとする態度を養うとともに、多面的・多角的な考察や深い理解を通して涵養される我が国の国土や歴史に対する愛情、国民主権を担う公民として、自国を愛し、その平和と繁栄を図ることや、他国や他国の文化を尊重することの大切さについての自覚などを深める。 | 社会的事象について、国家及び社会の担い手として、よりよい社会の実現を視野に課題を主体的に解決しようとしている。 |
| **高等学校 公民** | よりよい社会の実現を視野に、現代の諸課題を主体的に解決しようとする態度を養うとともに、多面的・多角的な考察や深い理解を通して涵養される、人間としての在り方生き方についての自覚や、国民主権を担う公民として、自国を愛し、その平和と繁栄を図ることや、各国が相互に主権を尊重し、各国民が協力し合うことの大切さについての自覚などを深める。 | 国家及び社会の形成者として、よりよい社会の実現を視野に、現代の諸課題を主体的に解決しようとしている。 |
| **高等学校 地理歴史** | 地理や歴史に関わる諸事象について、よりよい社会の実現を視野に課題を主体的に解決しようとする態度を養うとともに、多面的・多角的な考察や深い理解を通して涵養される日本国民としての自覚、我が国の国土や歴史に対する愛情、他国や他国の文化を尊重することの大切さについての自覚などを深める。 | 地理や歴史に関わる諸事象について、国家及び社会の形成者として、よりよい社会の実現を視野に課題を主体的に解決しようとしている。 |

## 2 「主体的に学習に取り組む態度」の評価規準の作成

社会科の学習指導要領における〈学びに向かう力、人間性等〉に相当する目標を踏まえて、31通知では、校種や科目ごとにおける「主体的に学習に取り組む態度」の趣旨（表1）が示されています。

「社会科」「公民科」「地理・歴史科」では、学習指導要領の内容に〈学びに向かう力、人間性等〉については示されていません。そのため、各単元等における「主体的に学習に取り組む態度」の評価規準は、小学校では学年目標、中学校では各分野の目標、高等学校では各科目の目標や観点の趣旨を参考に、「主体的に学習に取り組む態度」に関わる部分を用いて作成します。その際、例えば中学校の各分野では、「評価の観点及びその趣旨」の冒頭に示す「○○について」の部分は、この「内容のまとまり」で対象とする、学習指導要領上の「諸事象」を当てはめ、「よりよい社会の実現を視野にそこで見られる課題を主体的に追究（、解決）しようとしている（地理的分野・歴史的分野）か」どうか、「現代社会に見られる課題の解決を視野に主体的に社会に関わろうとしている（公民的分野）か」どうかの学習状況として表すことになります。

なお、「社会科」の教科の特性上、児童生徒の学習活動における「粘り強さ」や「自らの学習の調整」の状況の評価において、ある程度長い区切りの中で評価することが考えられることから、単元を越えた評価規準の設定もあり得ます。

## 3 「主体的・対話的で深い学び」を追究する授業を通した学習評価

「主体的・対話的で深い学び」を追究する授業を通して、その実現に向けた学習評価を考える上で、どのような視点を踏まえていけばよいのでしょうか。

「学習評価に関する参考資料」には、社会科における主体的に学習に取り組む態度の育成について、小学校では「よりよい社会を考え学習したことを社会生活に生かそうとしているか」、また、中学校では「主権者として、持続可能な社会づくりに向かう社会参画意識の涵養やよりよい社会の実現を視野に課題を主体的に解決しようとする態度の育成が必要である」ということが指摘されています。高等学校においても中学校と同様の趣旨で示されていることから、社会科における〔学びに向かう力、人間性等〕の涵養には、各校種を通して「社会参画意識の涵養」を主眼におくことがあらためて重要であることが分かります。具体的には主権者教育や防災教育、持続可能な開発のための教育（ESD）などをはじめ、各校種や分野において児童生徒の社会参画意識のより一層の涵養に向けた授業や学習評価を意識することが、「公民としての資質・能力」を育む「社会科」の目標の実現に向かうことになります。

そのことを見据えて、授業における深い学びの実現のために、「社会的な見方・考え方」を用いた考察や構想、説明、議論等の学習活動が組み込まれた、課題を追究したり解決したりする活動が必要です。「学習活動としての相互評価」や個人の学習活動を振り返ってメタ認知を促す省察を取り入れたり、教師が単元全体の学習活動を振り返ることを効果的に取り入れたりすることで、児童生徒の学習活動の意味付けや価値付けを行うことが、児童生徒一人一人の「社会参画意識の涵養」に寄与すると考えられます。

実際の授業や学習評価の場面で「できた」「できなかった」に終始することや、知識の再生や理解を測定するようなペーパーテストを優先する評価が強調されると、従前の「暗記教科」「内容教科」という、学習指導要領の方向性と異なるメッセージを児童生徒に伝えることになってしまいます。学習指導案による教師主導の視点だけではなく、「学びの地図」を児童生徒に示して目標を共有し、「公民的な資質・能力の育成」を目指した学びの姿を追究していきたいものです。

（土谷　満）

# 3 算数科、数学科

## 1 算数科、数学科における〔学びに向かう力、人間性等〕

算数科、数学科の目標に位置付けられている〔学びに向かう力、人間性等〕（表1）の涵養は、〔知識及び技能〕の習得と〔思考力、判断力、表現力等〕の育成の過程で図られるものです。例えば中学校第1学年における「正の数と負の数」の単元であれば、正負の数の必要性と意味を理解したり、正負の数の四則計算の方法を考察し表現したりする数学的活動を設定することでしょう。その活動の後半で授業者は、学んだ知識の習得の状況や、考察し表現して得られた成果にまず目を向けるかもしれません。しかしその前、活動の最中に、生徒一人一人が正負の数のよさに気付いて粘り強く考え、学んだことを生活や学習に生かそうとしているか、正負の数を活用した問題解決の過程を振り返って検討しようとしているかに目を向け、活動に主体的に取り組んでいくための態度を養います。目指す姿には小・中・高等学校で質の違いがありますが、視点はおおむね共通しています。

表1 「主体的に学習に取り組む態度」に関する算数科、数学科の目標と観点の趣旨

| | 学習指導要領における〔学びに向かう力、人間性等〕の目標 | 「観点別学習状況の評価」における「主体的に学習に取り組む態度」の趣旨 |
|---|---|---|
| 小学校 | 数学的活動の楽しさや数学のよさに気付き、学習を振り返ってよりよく問題解決しようとする態度、算数で学んだことを生活や学習に活用しようとする態度を養う。 | 数学的活動の楽しさや数学のよさに気付き粘り強く考えたり、学習を振り返ってよりよく問題解決しようとしたり、算数で学んだことを生活や学習に活用しようとしたりしている。 |
| 中学校 | 数学的活動の楽しさや数学のよさを実感して粘り強く考え、数学を生活や学習に生かそうとする態度、問題解決の過程を振り返って評価・改善しようとする態度を養う。 | 数学的活動の楽しさや数学のよさを実感して粘り強く考え、数学を生活や学習に生かそうとしたり、問題解決の過程を振り返って評価・改善しようとしたりしている。 |
| 高等学校 | 数学のよさを認識し数学を活用しようとする態度、粘り強く考え数学的論拠に基づいて判断しようとする態度、問題解決の過程を振り返って考察を深めたり、評価・改善したりしようとする態度や創造性の基礎を養う。 | ・数学のよさを認識し積極的に数学を活用しようとしたり、粘り強く考え数学的論拠に基づいて判断したりしようとしている。<br>・問題解決の過程を振り返って考察を深めたり、評価・改善しようとしたりしている。 |

## 2 評価規準の作成とその実現に向けて

算数科、数学科の目標を踏まえ、単元の目標及び評価規準を作成します。

小学校算数科では「内容のまとまり」と「単元」の対応や、「内容のまとまりごとの評価規準」の抽象度に、特に留意する必要があります。例えば、小学校第3学年「A 数と式(4)「除法」は「内容のまとまり」ですが、実際には「わり算」「余りのあるわり算」などといった複数の単元に分けて学習指導を行います。逆に、複数の「内容のまとまり」で一つの「単元」を構成する場合もあり、単元によって授業時数が大きく異なります。また、抽象度が高くて運用に適さない「内容のまとまりごとの評価規準」がある場合には、指導し評価する事項が明確になるように具体的な書き方で表現を揃えたり、時に追加したりします。

中学校及び高等学校においては、この対応は比較的複雑ではありませんが、「内容のまとまりごとの評価規準」の一つを二つ以上に分割して「単元の評価規準」として設定したり、学習指導で取り上げる問題や教材等に即して設定したりすることも考えられます。なお、評価の妥当性を高めるために、学習指導要領解説の記述を踏まえて評価規準を作成することが重要です。

## 3 「主体的・対話的で深い学び」と学習評価

児童生徒の〔学びに向かう力、人間性等〕を涵養するには、単元など内容や時間のまとまりを見通して、数学的活動を通して主体的・対話的で深い学びを実現することが重要です。

主体的な学びとしては、生徒の実際の姿を踏まえて、教師が授業改善を絶えず試みる中で、生徒自らが、問題の発見や解決に向けて見通しをもち、粘り強く取り組み、数学的な問題解決の過程を振り返り、よりよく解決したり、新たな問題を見いだしたりすることができるようにしていきます。対話的な学びとしては、事象を数学的な表現を用いて論理的に説明することや、よりよい考えや事柄の本質について話し合い、よりよい考えに高めたり事柄の本質を明らかにしたりすることを目指します。深い学びとしては、数学に関わる事象や、日常生活や社会に関わる事象について、数学的な見方・考え方を働かせ、数学的活動を通して、新しい概念を形成したり、よりよい方法を見いだしたりするなど、新たな知識や技能を身に付けてそれらを統合し、思考、態度の変容を目指します。このような取組を通して、数学的に考える資質・能力の三つをバランスよく育成していきます。

このような過程で、〔学びに向かう力、人間性等〕を育成します。数学的活動を通して、児童生徒が様々な工夫、驚き、感動を味わい、数学を学ぶことの面白さ、考えることの楽しさに気付けるようにします。また、数学的な表現や処理のよさ、概念や原理・法則のよさ、数学的な見方・考え方を働かせることのよさ、社会における数学の意義や価値などの実感を促し、数学を活用しようとする態度を涵養していきます。

算数科、数学科は系統的な内容によって構成されているため、児童生徒が創造的かつ発展的にその内容に関わりをもち学び進むことが期待されています。協働的な活動を通して、お互いの多様な考えを認め合い、よりよく問題解決したり、その過程を振り返って評価・改善したりする経験を積んでいくことが、その態度の涵養につながっていきます。

評価に当たっては、その妥当性・信頼性を高める上で、児童生徒の実態に応じて記述、観察、個別の面談など多様な評価方法を設け、組み合わせることが大切です。また、評価に先立って、児童生徒がノートを見返して問題解決の過程を振り返ることのできるように、問題や自他の考え、価値付け、まとめなどを分かりやすく記述するノート指導が大切です。さらに、対話を視覚化する板書づくりにも留意したいです。これらは、教師が効果的、効率的に学習評価を進める上でも役立ちます。小学校低・中学年では「めあて」に向けた自分なりの工夫に着目して評価するなど、発達の段階への考慮も必要でしょう。

（藤原大樹）

# 4 理科

## 1 理科における〔学びに向かう力、人間性等〕

理科の目標に位置付けられている〔学びに向かう力、人間性等〕（表1）の涵養は、他の教科と同様に、〔知識及び技能〕の習得と〔思考力、判断力、表現力等〕の育成とあわせて図られるものです。〔思考力、判断力、表現力等〕は、小学校では「科学的に問題解決する力」、中・高等学校では「科学的に探究する力」を意味しています。

例えば、中学校において、自然の事物・現象を科学的に探究するために必要な資質・能力は、次の3点が相互に関連し合うものとされています。

**(1)自然の事物・現象についての理解を深め、科学的に探究するために必要な観察、実験などに関する基本的な技能を身に付けるようにする**

**(2)観察、実験などを行い、科学的に探究する力を養う**

**(3)自然の事物・現象に進んで関わり、科学的に探究しようとする態度を養う**

表1 「主体的に学習に取り組む態度」に関する理科の目標と観点における趣旨

| | 学習指導要領における〔学びに向かう力、人間性等〕の目標 | 「観点別学習状況の評価」における「主体的に学習に取り組む態度」の趣旨 |
|---|---|---|
| **小学校** | 自然を愛する心情や主体的に問題解決しようとする態度を養う。 | 自然の事物・現象に進んで関わり、粘り強く、他者と関わりながら問題解決しようとしているとともに、学んだことを学習や生活に生かそうとしている。 |
| **中学校** | 自然の事物・現象に進んで関わり、科学的に探究しようとする態度を養う。 | 自然の事物・現象に進んで関わり、見通しをもったり振り返ったりするなど、科学的に探究しようとしている。 |
| **高等学校** | 自然の事物・現象に主体的に関わり、科学的に探究しようとする態度を養う。 | 自然の事物・現象に主体的に関わり、見通しをもったり振り返ったりするなど、科学的に探究しようとしている。 |

さらには、解説理科編（小学校）には、問題解決において見通しをもったり振り返ったりして主体的に学習に取り組もうとしている姿として、次の四つが示され、その態度の育成が大切であると示されています。

**・意欲的に自然の事物・現象に関わろうとする態度**
**・粘り強く問題解決しようとする態度**
**・他者と関わりながら問題解決しようとする態度**
**・学んだことを自然の事物・現象や日常生活に当てはめてみようとする態度**

## 2 「主体的に学習に取り組む態度」の評価規準の作成

理科の目標を踏まえ、31通知では、校種ごとの理科における「主体的に学習に取り組む態度」の趣旨（表1）が示されています。

この趣旨に即して設定された、それぞれの内容のまとまりや単元等における評価規準に照らして、児童生徒の実現状況を評価して指導に生かしたり総括としても生かしたりします。

なお、内容のまとまりや単元等における評価規準は、趣旨における「自然の事物・現象」を「内容のまとまりや単元等における内容」に書き換え、学年段階や発達の段階、内容などを踏まえて作成します。また、理科はどの校種においても、学習指導要領の内容に、〈学びに向かう力、人間性等〉については示されていません。そのため、単元等における「主体的に学習に取り組む態度」の評価規準は、小学校は各学年の目標、中学校は各分野の目標、高等学校は各科目の目標を参考に、「主体的に学習に取り組む態度」に関わる部分を用いて作成します。

## 3　主体的に学習に取り組む態度の育成に向けた指導と評価

31通知には、「主体的に学習に取り組む態度」の評価において、〈知識及び技能〉を習得したり〈思考力、判断力、表現力等〉を育成したりすることに向けた粘り強い取組を行おうとすることと、自らの学習を調整しようとすることの二つの側面から評価することが示されました。そのことは、「主体的に学習に取り組む態度」の趣旨において、小学校では「粘り強く、他者と関わりながら問題解決しようとしている」に見ることができます。粘り強く取り組む中で、多様な他者と関わり学習の調整を図りながら問題解決できるような指導を行い、評価したいものです。中学校と高等学校では、「自然の事物・現象に進んで又は主体的に関わり、見通しをもったり振り返ったりするなど、科学的に探究しようとしている」に見ることができます。見通しや振り返りによって自らの学習を調整して、科学的に探究できるように指導して評価したいものです。

また、これらの資質・能力を理科の授業で育成するには、全国学力・学習状況調査（理科）の枠組み（視点）における「検討・改善」の趣旨を生かした学習指導や学習評価を行うことが考えられます。次は、令和4年度に実施した小学校における「検討・改善」の説明です。

**自分の考えた理由やそれを支える証拠に立脚しながら主張したり、他者の考えを認識し、多様な視点からその妥当性や信頼性を吟味したりすることなどにより、自分の考えや他者の考えを批判的に捉え、多様な視点から見直すことや、振り返ること。**

このようにして、主体的に学習に取り組む態度に関する指導と評価の改善や充実を図るようにしていきます。

（田中保樹）

# 5 生活科

## 1 生活科における〔学びに向かう力、人間性等〕

生活科では実生活や実社会との関わりを大切にしており、自立し、生活を豊かにしていくことを重視しています。思いや願いの実現に向けて、身近な人々、社会及び自然に自ら働きかけ、意欲や自信をもって学んだり、生活を豊かにしたりしようとすることを繰り返し、それが安定的に行われるような態度を養うことを目指していると言えます。

生活科における〔学びに向かう力、人間性等〕に関する目標については、生活科を通して育成することを目指す三つの資質・能力のうち、以下のように示されています。

**(3) 身近な人々、社会及び自然に自ら働きかけ、意欲や自信をもって学んだり生活を豊かにしたりしようとする態度を養う。**

また、学年の目標は、育成を目指す資質・能力として、教科目標を具体的・構造的に示しています。「階層を踏まえた内容のまとまり」を基に、次の三つの項目で整理されており、ここで示される学年の目標は、第2学年修了までに実現することを目指しています。

(1)学校、家庭、地域の生活に関するもの…主に内容(1)から内容(3)

(2)身近な人々、社会、及び自然に触れあったり関わったりすることに関するもの…内容(4)から内容(8)

(3)自分自身を見つめることに関するもの…内容(9)

学年の目標の各項目においては、育成を目指す資質・能力が、一文の形で構造的に示されています。これは、学習対象との関わりや活動を通して育成を目指す資質・能力が個別ばらばらなものではないこと、三つの資質・能力がつながり合い連動していること、児童の姿としては一体となって現れるものであることを強く意識した表記として示されています。

① 児童が実際に関わる学習対象や実際に行われる学習活動等(〜を通して)

② 〔思考力、判断力、表現力等〕の基礎に関すること(〜ができ)

③ 〔知識及び技能〕の基礎に関すること(〜が分かり・〜に気付き)

④ 〔学びに向かう力、人間性等〕に関すること(〜したりしようとする)

## 2　主体的に学習に取り組む態度の育成に向けた指導

九つある生活科の各内容には、一文の中に「児童が直接関わる学習対象や実際に行われる学習対象等」、〔思考力、判断力、表現力等〕の基礎、〔知識及び技能〕の基礎、〔学びに向かう力、人間性等〕の四つが構造的に組み込まれ、全ての内容は、「〜を通して」〔具体的な活動や体験〕、〜ができ〔〔思考力、判断力、表現力等〕の基礎〕、〜が分かり・〜に気付き〔〔知識及び技能〕の基礎〕、〜しようとする〔〔学びに向かう力、人間性等〕〕のように構成されています。低学年の児童に、よき生活者としての資質・能力を育成していくためには、実際に対象に触れ、活動することを通して、対象について感じ、考え、行為していくとともに、その活動によって対象や自分自身への気付きが生まれ、それらが相まって学びに向かう力を安定的で持続的な態度として育成し、確かな行動へと結び付けていくことが大切です。

生活科では、思いや願いを実現する過程において、自分自身の成長に気付くことや、活動の楽しさや満足感、成就感などの手応えを感じることが、一人一人の意欲や自信となっていきます。この意欲や自信が、自らの学びを次の活動やこれからの生活に生かしたり新たなことに挑戦したりしようとする態度を生み出します。

そのためにも、指導計画の作成に当たっては、年間や単元など内容や時間のまとまりを見通しつつ、具体的な活動や体験を通すこと、児童の発達の段階や特性を踏まえ、2学年間を見通して学習活動を設定すること、他教科等との関連を積極的に図り、低学年における教育全体の充実を図り、中学年以降の教育へ円滑に接続できるようにするとともに、幼稚園教育要領等に示す幼児期の終わりまでに育ってほしい姿との関連を考慮することが必要です。

## 3 評価規準の作成とその実現に向けて

生活科における「内容のまとまり」は、九つの内容の一つ一つと考えることができます。「内容のまとまり」の記述には、前述した通り四つの内容が構造的に組み込まれているため、これらを踏まえて「内容のまとまりごとの評価規準」を作成することになります。

その際には、記載事項の文末を「したりしようとする」から「したりしようとしている」とすることにより、「内容のまとまり」に対応する評価規準を作成することが可能となります。

この資質・能力を評価するに当たっては、次の点を踏まえる必要があります。

①　粘り強さ………思いや願いの実現に向かおうとしていること
②　学習の調整……状況に応じて自ら働きかけようとしていること
③　実感や自信……意欲や自信をもって学んだり生活を豊かにしたりしようとすること
を繰り返し、安定的に行おうとしていること

生活科では、特定の知識や技能を取り出して指導するのではなく、児童が具体的な活動や体験を通す中で、あるいはその前後を含む学習の過程において、文脈に即して学んでいくことから、評価は、結果よりも活動や体験そのもの、すなわち結果に至るまでの過程を重視して行われます。目標の達成に向けた「指導と評価の一体化」が求められていることからも、単元の目標を明確にするとともに、評価計画を立て、評価規準を具体的な児童の姿として表していくことが大切となります。教師の評価が、より信頼度の高いものとなるように、評価に当たっては、「量的な面」だけでなく「質的な面」から捉えるように注意する必要があります。単元の立ち上げの前には、単元に即して質的に高まった児童の姿を想定しておくことが大切です。

（遠藤淳子）

# 6 音楽科、芸術科（音楽）

## 1 音楽科における〔学びに向かう力、人間性等〕

小・中・高等学校における音楽科及び芸術科（音楽）の目標に位置付けられている〔学びに向かう力、人間性等〕（表1）の涵養は、表現及び鑑賞の活動を通して、音楽的な見方・考え方を働かせ、生活や社会の中の音や音楽と豊かに関わる（高等学校では「音や音楽、音楽文化と幅広く関わる」）資質・能力を育成することで図られるものです。

31通知の趣旨（表1）に示されているように、例えば、小学校においては、生活や社会の中の音や音楽と自ら豊かに関わることが重要です。また、音や音楽及び言葉によるコミュニケーションを図りながら、友達と音楽表現をしたり音楽を味わって聴いたりする楽しさや、協働して音楽活動をする楽しさが質的に高まっていくことを目指しています。例えば、鑑賞で「Aさんの気付いたことを私は気付かなかったので、よく聴いたら曲の聴こえ方が変わって、ぐっと来た！」など、聴くことが質的に高まっていることが分かります。

表1 「主体的に学習に取り組む態度」に関する
音楽科、芸術科（音楽）の目標と観点における趣旨

| | 学習指導要領の音楽科における〔学びに向かう力、人間性等〕の目標 | 「観点別学習状況の評価」における「主体的に学習に取り組む態度」の趣旨 |
|---|---|---|
| **小学校** | 音楽活動の楽しさを体験することを通して、音楽を愛好する心情と音楽に対する感性を育むとともに、音楽に親しむ態度を養い、豊かな情操を養う。 | 音や音楽に親しむことのできるよう、音楽活動を楽しみながら主体的・協働的に表現及び鑑賞の学習活動に取り組もうとしている。 |
| **中学校** | 音楽活動の楽しさを体験することを通して、音楽を愛好する心情を育むともに、音楽に対する感性を豊かにし、音楽に親しんでいく態度を養い、豊かな情操を養う。 | 音や音楽、音楽文化に親しむことのできるよう、音楽活動を楽しみながら主体的・協働的に表現及び鑑賞の学習活動に取り組もうとしている。 |
| **高等学校（音楽Ⅰ）** | 主体的・協働的に音楽の幅広い活動に取り組み、生涯にわたり音楽を愛好する心情を育むとともに、感性を高め、音楽文化に親しみ、音楽によって生活や社会を明るく豊かなものにしていく態度を養う。 | 主体的・協働的に表現及び鑑賞の学習活動に取り組もうとしている。 |

このように自ら音楽に関わり、協働して音楽活動をする楽しさを感じたり味わったりしながら、様々な音楽に親しむこと、音楽経験を生かして生活を明るく潤いのあるものにしようとすることについては全校種共通に示されています。このことは音楽文化を継承、発展、創造していこうとする態度の育成の素地となります。

さらに、小・中・高等学校いずれの解説音楽編においても、「音楽に対する感性」を「育み」、「豊かに」し、「高めて」います。そのことで、豊かな情操を「培い」、音楽文化に親しみ、「音楽によって生活や社会を明るく豊かなものにしていく態度を養う」ことが示されています。

## 2 「主体的に学習に取り組む態度」の評価規準の作成

「主体的に学習に取り組む態度」の評価規準は、それぞれの題材ごとに作成します。「学習評価に関する参考資料」では次のように示されています。

**［その題材の学習に粘り強く取り組んだり、自らの学習を調整しようとする意志をもったりできるようにするために必要となる、取り扱う教材曲の特徴や学習内容な**

**ど、興味・関心をもたせたい事柄」に興味をもち、音楽活動を楽しみながら主体的・協働的に「歌唱、器楽、音楽づくり・創作、鑑賞」の学習に取り組もうとしている。**

作成に際しては、当該学年の「評価の観点の趣旨」の内容を踏まえて作成します。「評価の観点の趣旨」の冒頭部分「音や音楽に親しむことができるよう」は「主体的に学習に取り組む態度」における音楽科の学習の目指す方向性を示している文言であり、題材の評価規準としては設定しません。

また、「評価の観点の趣旨」の冒頭部分「楽しみながら」の部分は「主体的・協働的に」に係る文言であり、単に活動を「楽しみながら」取り組んでいるかを評価するものではありません。あくまで主体的・協働的に取り組む際に「楽しみながら」取り組めるよう指導を工夫する必要があることを示唆しているものです。

## 3 「知識・技能」「思考・判断・表現」と〔共通事項〕

### [1] 「A表現」「B鑑賞」における「思考・判断・表現」

「2 内容 A表現」では、活動分野ごとにアを〈思考力、判断力、表現力等〉、イを〈知識〉、ウを〈技能〉に関する資質・能力と示しています。このことは、「こう歌いなさい、楽譜はこう読むのです」といった、知識や技能を教え込んでから表現することなく、学習過程で新たな知識や技能を習得することと、これまでに習得した知識や技能を活用することの両方が必要となることを意味しています。

なお、事項アでは、前半部分に「知識や技能を得たり生かしたりしながら」と示していますが、この「得たり生かしたり」は、〈知識及び技能〉と〈思考力、判断力、表現力等〉とがどのような関係にあるかを明確にするために示している文言であり、「内容のまとまりごとの評価規準」としては設定しません。

**[2]「A表現」「B鑑賞」における「知識・技能」**

「知識・技能」の観点の趣旨は、知識の習得に関することと技能の習得に関することに分けて示しています。これは、学習指導要領の指導事項を、知識に関する資質・能力(事項イ)と技能に関する資質・能力(事項ウ)とに分けて示していること、技能に関する資質・能力を「A表現」のみに示していることを踏まえたものです。また、「A表現」の題材の指導に当たっては、「知識」と「技能」の評価場面や評価方法が異なることが考えられます。したがって「A表現」の題材では、評価規準の作成においても「知識」と「技能」とに分けて設定することを原則としています。なお、「B鑑賞」の題材では、「技能」の趣旨に対応する評価規準は設定しないことになっています。

### [3]「思考・判断・表現」「知識・技能」と〔共通事項〕

〔共通事項〕については、配慮事項に「『A表現』及び『B鑑賞』の指導と併せて、十分な指導が行われるよう工夫すること」と示しています。また、平成29～31年版において「指導計画の作成に当たっては、各領域や分野の事項と〔共通事項〕で示しているア及びイとの関連を図り、年間を通じてこれらを継続的に取り扱うように工夫することが重要である」と示しています。このことから、〔共通事項〕ア及びイについては、各領域や分野の事項との関連を図った上で、指導と評価を行う必要があります。なお、事項アについては、全ての題材で必ず位置付けなければ学習として成立しないため、「思考・判断・表現」の観点の趣旨の中に位置付けています。

事項イについては「知識」の観点に直接的には示していません。事項イの内容については「音楽における働きと関わらせて理解すること」と示しており、主に「曲想と音楽の構造との関わり」について理解する過程や結果において理解されるものです。

〔共通事項〕は表現及び鑑賞の学習において共通に必要となる資質・能力を示しており、「A表現」及び「B鑑賞」の指導とあわせて、指導するものです。「反復とは、リズムや旋律などが繰り返される仕組みです。この曲は繰り返しているので反復です。みんなで言ってみましょう。『反復』!」という授業が行われないよう、音が「苦」とならないようにしなければなりません。「この曲が楽しいのは同じリズムが何回も出てくるところ」「え? 時々リズムが変わっていたよ」「途中でこわれちゃったのかな?」など、曲や演奏のよさをみんなで見いだし、「なぜだろう?」と共有しながら聴き方が深まり、曲を全体にわたって味わって聴ける授業を目指してほしいと願っています。

（後藤俊哉）

# 7 図画工作科、美術科、芸術科（美術）

## 1 学習指導案にアンダーラインを引いてみる

平成20年の改訂で〔共通事項〕（図1）が登場したことを受け、その当時、指導助言の場で、いつも同じようなことを繰り返していました。「学習指導案を見返して、〔共通事項〕に関わる記述にアンダーラインを引いてみましょう。もし引ける箇所が少ないようであれば、それはもしかしたら、図画工作（美術）の指導や学習として成立しないかもしれません」というような具合にです。

それまでは例えば、小学校では児童がとにかく「楽しそうに生き生き」と活動していれば、それで何となく図画工作の学習が成立したと思ってしまう傾向がありました。中学校でも、それが美術科の指導事項とは少し外れたところで熱中して取り組んでいる生徒の姿だったとしても、なんとなく指導が成立したような気分になっていた事例が見受けられました。そこに一石を投じたのが〔共通事項〕でした。楽しさや面白さには常に「造形的な」という但し書きが付いていなければいけない、そういうメッセージをうまく伝えるためのキーワードとして、〔共通事項〕は効果的だったと言えます。ただ、あちこちで〔共通事項〕が喧伝されるようになった結果、どんなことが起きたかというと……、授業の導入時などに「形と色（色彩）」と板書で大書きしたり、あらかじめ用意しておいたパネルを貼り出したり、というような授業が散見されるようになりました。関係者の間では、学習指導要領の趣旨を先生方に正確に伝えていくことの難しさが、よく話題になったものです。

平成29年版では、新たに深い学びの鍵として「見方・考え方を働かせること」が示されました。「造形的な見方・考え方」についても改めて解説（図画工作、美術ともに10頁）に示されたので、改めて確認しておく必要があります。

| | 小学校（低学年→中学年→高学年） | | | 中学校 | 高等学校 |
|---|---|---|---|---|---|
| | 自分の感覚や行為を通して，…… | | | 形や色彩，材料，光など | 造形の要素 |
| 知識 | 形や色などに **気付く** | 形や色などの感じが **分かる** | 造形的な特徴を **理解する** | 性質や，それらが感情にもたらす効果<br>造形的な特徴などを基に，全体のイメージや作風などで捉えることを **理解する** | 働き ／ 全体のイメージや作風，様式などで捉えることを **理解する** |
| 造形的な要素 | 形，線，色，触感 | 形，色，組合せ，明るさなどの感じ | 動き，奥行き，バランス，色の鮮やかさ | 色彩の色味や明るさ，鮮やかさ／材料の性質や質感／優しさ，楽しさ，寂しさ／組合せ，構成／余白，空間，立体感，遠近感，量感，動勢／見立て，心情，作風や様式などの文化的な視点 | 温かさ，軟らかさ，安らぎ……<br>※中学校段階までの内容や取り扱いを踏まえて |
| | **自分** | **他者** | **社会**（文化，歴史……） | | |

図1　〔共通事項〕の扱いと発達の特性・学習の広がり

## 2 学習指導要領にアンダーラインを引いてみる

〈共通事項〉に関係する箇所にアンダーラインを引くことを通して、指導や学習の在り方をチェックしたように、「主体的に学習に取り組む態度」についても、図画工作・美術ならではの確認作業をします。他の教科と同じように、学習指導要領には、「主体的に学習に取り組む態度」に対応する〈学びに向かう力、人間性等〉については直接示されていません。このため、それぞれの学年等の「目標（3）」と〈知識及び技能〉〈思考力、判断力、表現力等〉に該当する内容を参考にする必要があります。

「学習評価に関する参考資料」では、学習指導要領の本文から「内容のまとまりごと」「題材ごと」の評価規準作成の手順が示されています。ここで示されている資質・能力別の「アンダーライン方式」と、それぞれの「題材に即してどのような内容が当てはまるのかを考える。それを踏まえ、書き換えたり削除したりする」作業を行うことで、評価規準ができ上がります。

ただ、ここで気を付けたいのは、評価規準の作成を目的化しない、ということです。大切なのは、その作業を通して、それぞれの題材で扱っている内容が、どのような資質・能力を身に付けることを目指しているのか、ということを再確認するということです。「造形遊び」や「絵や立体（彫刻）・工作」「デザインや工芸」「鑑賞」など、内容のまとまりごとに、いくつかの題材についてこの作業を行うことによって、学習指導要領に位置付けられた学習事項やそこで身に付けさせるべき資質・能力を読み取るための視点が身に付きます。その視点をもつことによって、日々の授業で行っている「今の」、「この」指導の意味と、それに照らした学習評価の在り方も意識化できるようになります。多忙を極める日々の中では、このように「実を取る」形で、持続可能な指導と評価を進めることが大切です。

## 3 子供の学習活動をココロの中で実況中継してみる

実際の授業などの場面で「主体的に学習に取り組む態度」を評価する手立てはどうしたらよいのでしょうか。まずは「学習評価に関する参考資料」などでよく示されている内容を、図工や美術に当てはめてみます。

### [1] ノートやレポート等における記述

上の学年であれば作品の発想や構想の段階や作品完成時の振り返りなどの「記述」から、

「主体的に学習に取り組む態度」を評価することができます。学年が下がれば下がるほど、これは難しくなります。「記述」に代わるような学習のありように注目することが必要になるわけです。例えばパレットに残る学習履歴。パレットにはその子供なりに働かせた知識や技能、思考や判断、試行錯誤の履歴などが様々な形で残されているかもしれません（図2）。当然、パレットと対応関係にある画用紙には、その履歴が作品という形で定着されます。

### ［2］授業中の発言・教師による行動観察

作業途中の子供たちのつぶやきを拾いながら、様々な「声かけ」を工夫してみましょう、というのはこれまでもよく言われてきたことです。そのやりとりの中に「造形的な見方・考え方」、（共通事項）がさりげなく、あるいは具体的に盛り込まれているかどうかを、常に意識すべきであることは言うまでもありません。

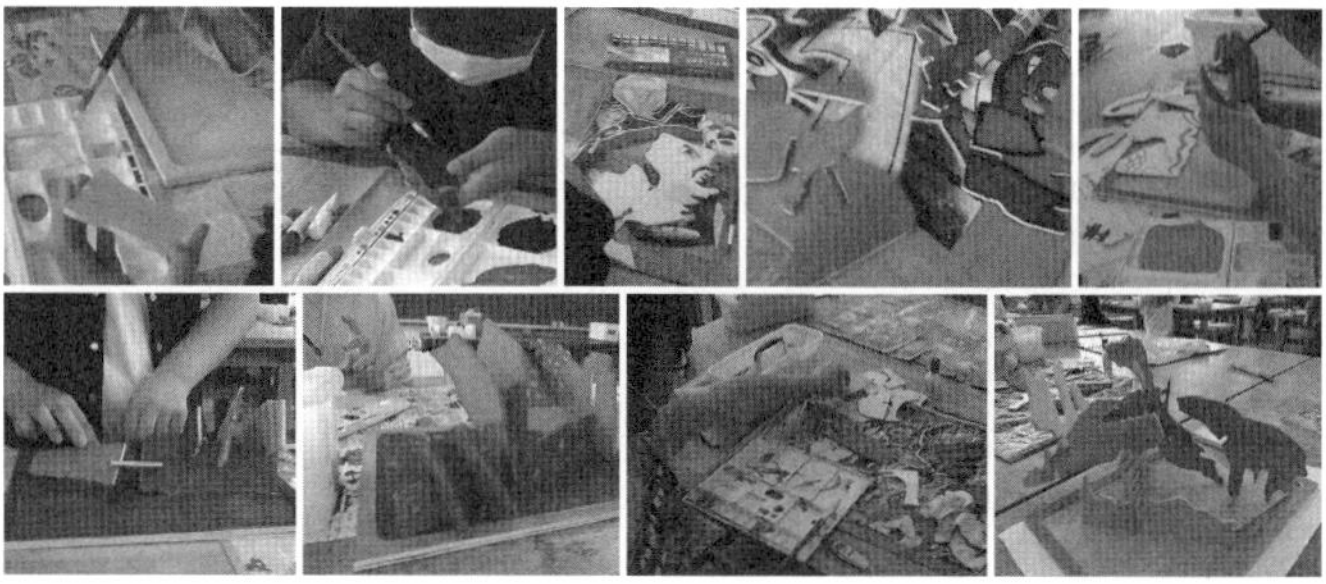

図2　パレット等から学習履歴を評価し指導に生かす

行動観察についても様々な事例が紹介されてきました。子供の「視線の先に注目」してみましょう（図3）。あわせて、その直後の手の動きに反映されていた「こと」や「もの」（〝お友達〟のしていることや新しい材料から何を思いついた？など）を探ってみましょう、などというように。

**［3］児童生徒による自己評価や相互評価**

これも先述の「記述」と同じように、学年段階ごとに扱いを変える必要があります。学習活動として自己評価や相互評価を通して交わされる内容が、「ただの感想」で終わってしまわないように留意することも大切です。ただ「上手」「うまい」「きれい」「一生懸命やっている」などの言葉しか登場しないようであれば、指導の改善が必要かもしれません。

題材を設定する段階で、指導のねらいがはっきりしていたか、それをあらかじめ児童生徒にきちんと伝えることができていたか、指導の過程でそのねらいに常に立ち返る視点をも

“手や体全体の感覚を働かせ表し方を工夫して、創造的に…”の瞬間を見逃さないようにしたい

図3　児童の視線

たせていたか……などが改善のためのチェックポイントになります。

学習指導案や学習指導要領にアンダーラインを引いて、〔共通事項〕や造形的な見方・考え方、資質・能力を確認したように、児童生徒が学習する様子を見ながらココロの中で「実況中継」してみるとよいです。その中で題材ごとの指導のねらいとして位置付けていた事項がきちんと登場しているか、身に付けさせるべき資質・能力は身に付いていたか……を確認していくことによって、「主体的に学習に取り組む態度」の評価も、妥当性・信頼性の伴ったものになっていきます。

（三浦　匡）

# 8 体育科、保健体育科

## 1 体育科、保健体育科における〔学びに向かう力、人間性等〕

小・中・高等学校を貫く目標である「生涯にわたって豊かなスポーツライフを実現する資質・能力の育成」において、〔学びに向かう力、人間性等〕の涵養は重要な役割を果たします。その点から、「主体的に学習に取り組む態度」の評価について理解しておくことが大切です（表1）。その上で、児童生徒や地域の実態を踏まえたり、実生活や実社会につながる教材やリソースについて検討を重ねたりしながら、体育科、保健体育科の授業形態の特性を十分に生かすことができるよう、指導のねらいや学習活動、学習評価を適切に設定していく必要があります。

〔学びに向かう力、人間性等〕に含まれる観点別学習状況の評価や評定になじまない「感性や思いやりなど」の部分は、児童生徒一人一人のよい点や可能性、進歩の状況等に関する評価をしっかりと行うことによって、一人一人が学習の成果だけでなく、学習の過程を

表1 「主体的に学習に取り組む態度」に関する
体育科、保健体育科の目標と観点における趣旨



| | 学習指導要領における〔学びに向かう力、人間性等〕の目標 | 「観点別学習状況の評価」における「主体的に学習に取り組む態度」の趣旨 |
|---|---|---|
| 小学校 | 運動に親しむとともに健康の保持増進と体力の向上を目指し、楽しく明るい生活を営む態度を養う。 | 運動の楽しさや喜びを味わうことができるよ、運動に進んで取り組もうとしている。また、健康を大切にし、自己の健康の保持増進についての学習に進んで取り組もうとしている。 |
| 中学校 | 生涯にわたって運動に親しむとともに健康の保持増進と体力の向上を目指し、明るく豊かな生活を営む態度を養う。 | 運動の楽しさや喜びを味わうことができるよう、運動の合理的な実践に自主的に取り組もうとしている。また、健康を大切にし、自他の健康の保持増進や回復についての学習に自主的に取り組もうとしている。 |
| 高等学校 | 生涯にわたって継続して運動に親しむとともに健康の保持増進と体力の向上を目指し、明るく豊かで活力ある生活を営む態度を養う。 | 運動の楽しさや喜びを深く味わうことができるよう、運動の合理的、計画的な実践に主体的に取り組もうとしている。また、健康を大切にし、自他の健康の保持増進や回復及び健康な社会づくりについての学習に主体的に取り組もうとしている。 |

一層重視し、自分自身の目標や課題を明確にもって学習を進めていけるようになります。体育科、保健体育科においても、個人内評価は、児童生徒の学習意欲の向上のためにも十分に生かしたい評価です。

## 2 「主体的に学習に取り組む態度」の評価規準の作成

「主体的に学習に取り組む態度」の評価に際しては、学習ノートやワークシートの提出率のよさとか、特に体育科、保健体育科の授業で散見される、単なる派手なパフォーマンスにすぎない言動などの性格や行動面の表出に評価の視点を奪われないようにします。一方で、身体活動はなくても、児童生徒が課題の克服や解決等のためにじっくりと考えている場面での様態を丁寧に把握して、評価につなげるようにします。「主体的に学習に取り組む態度」に係る観点の趣旨を踏まえて、教員同士、教員と児童生徒とが共通認識した評価規準に照らして評価します。その際、〈知識及び技能〉を習得したり、〈思考力、判断力、表現力等〉を育成したりするために、自らの学習状況を把握し、学習の進め方について試行錯誤するなど自らの学習を調整しながら、学ぼうとしているかどうかという意思的な側面を評価することを常に評価の視点としておくことも大切です。

また、学習活動において意図的、計画的に言語活動を組み入れることも肝要です。筋道を立てて練習や作戦について話し合う活動や、個人生活における健康の保持増進や回復について話し合う活動などの言語活動によって、コミュニケーション能力や論理的な思考力の育成や、児童生徒の自主的で主体的な学習活動の充実とともに、主体的に学習に取り組む態度の育成も期待できます。そのために、教員は、学習の段階的な課題を明確にする場面、課題解決の方法を確認する場面、練習中及び記録会や競技会などの後に話合いの場面などの機会が適時に設定されたカリキュラム・マネジメントを行います。その際、インターネット、モニター、ICT端末、学習ノート、ワークシート等のツールを最大限活用することができるように工夫を図りましょう。体育分野においては、学習に必要な情報の収集やデータの管理・分析、課題の発見や解決方法の選択などにおけるICTの活用が考えられます。

また、保健分野においても同様に、健康情報の収集、健康課題の発見や解決方法の選択における情報通信ネットワーク等の活用などにより、より一層、主体的に学習に取り組む態度の育成につなげられると考えます。

## 3

## 押さえておくべき指導事項のポイント

小学校の運動領域においては、〈学びに向かう力、人間性等〉に対応した、公正、協力、責任、参画、共生及び健康・安全の具体的な指導内容が解説体育編に示されています。図1は、中学校の解説保健体育編を基に筆者がまとめたものですが、〈学びに向かう力、人間性等〉については、「各領域において愛好的態度及び健康・安全は共通事項とし、公正

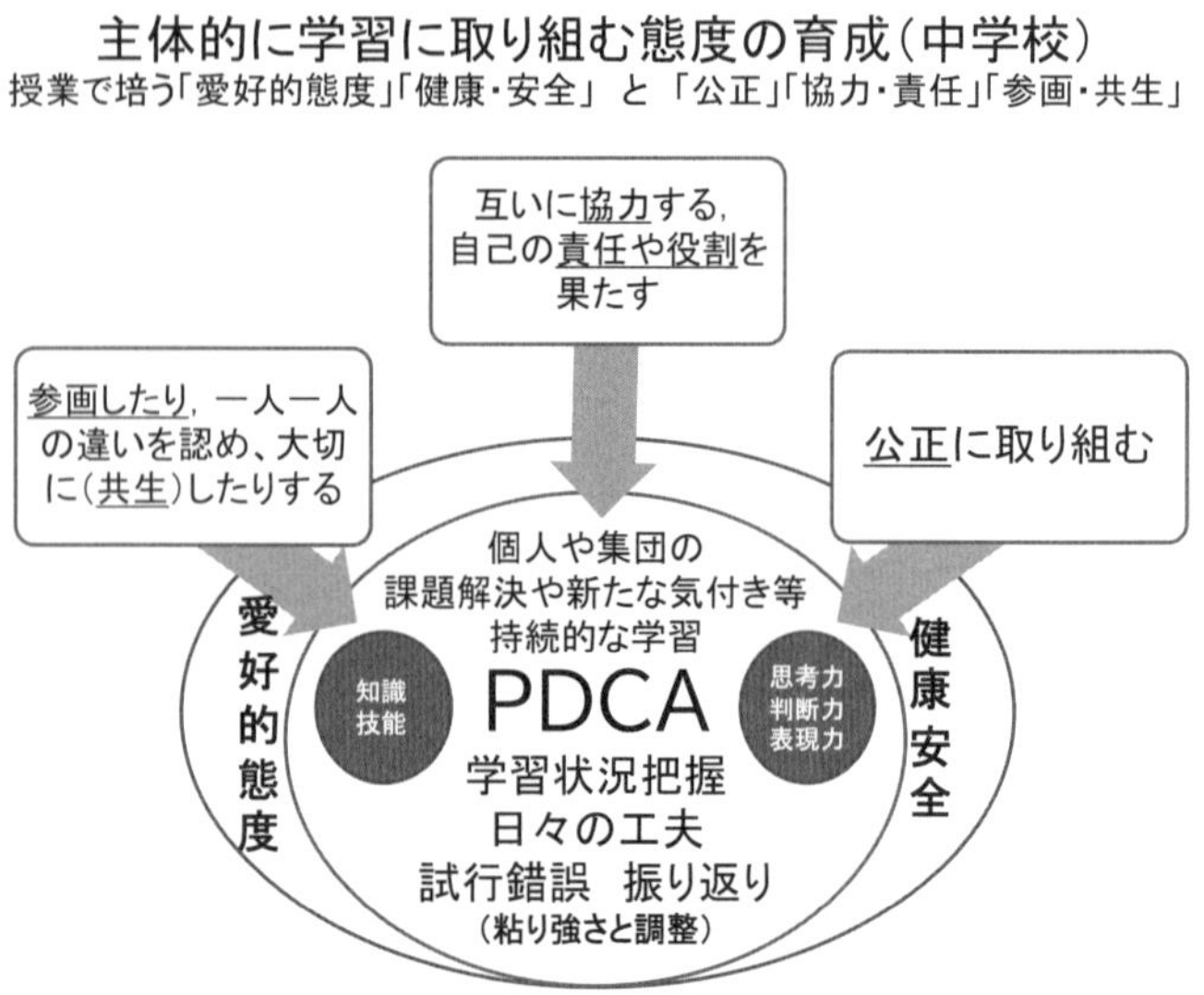


図1　中学校における各領域で取り上げることが効果的な指導内容

（伝統的な行動の仕方）、協力、責任、参画、共生の中から、各領域で取り上げることが効果的な指導内容を重点化して示している」とあります。高等学校においては、中学校とほぼ同様ですが、自己や仲間の関わりなどでより実践的な態度が強調されていて、主体的な言動が求められています。「主体的に学習に取り組む態度」を評価する際、次のキーワード例を参考に、指導事項のポイントをしっかりと踏まえておくことが大切です。

《キーワード例》

※『いつ』『どこで（場面）』『なにを』を評価するかを言語化して想定しておくようにします。

■指導事項

共通事項…「積極的に～に取り組もうとする」「自主的に～」「主体的に～」

公　正…「～を守ろうとする」「～を大切にしようとする」

協力・責任…「～を認めようとする」「～を讃えようとする」「～を援助しようとする」「助け合う」「教え合う」「高め合う」「～の役割を果たそうとする」「～の責任を果たそうとする」

参画・共生…「～に参加しようとする」「～に貢献しようとする」「～の違いを認めようとする」「～の違いを大切にしようとする」

健康・安全…「健康・安全に気を配る」「健康・安全を確保する」

## 4 「主体的に学習に取り組む態度」の評価方法の工夫

教師からの学習ノートや学習シートの記述に対するポイントを押さえた助言やコメント、授業中の学習の取組に対する即時的な指導や助言、フィードバックは、児童生徒の主体的な学習活動が持続していくためのウエイクアップコールともなります。

また、「主体的」であるとともに、「持続性がある（粘り強い）態度」が表出されているところを、言葉や行動の微妙な変化からつぶさに捉えることができるように、多面的・多角的な評価方法の工夫をすることが大切です。

そして、無理がなく効率的な評価をするために意図的、計画的で工夫された評価場面の設定を考えたいものです。例えば、児童生徒が複数組んでいるチームやグループの話合い活動の時間を一斉に取らず、時間をずらして設定するのはどうでしょうか。そうすることによって、教師が一つのチームやグループの話合い活動にじっくりと参加して、そこでの「教師からの発問への回答」や「聞き取り」を通して評価します。その結果を授業内の観察や学習ノート、質問（紙）調査等の記述からの評価と照らし合わせたり、補うようにしたりします。

このように、より信頼性や妥当性の高い評価を補完できるように授業を計画してみるとよいでしょう。

その際には、「主体的に学習に取り組む態度」を評価する際の、評価規準に基づいたキーワードやフレーズ、児童生徒の「発言（つぶやき）」内容の想定をしておくことによって、評価しやすくなるだけでなく、効率的な評価につなげることが期待できます。

また、小学校においては、複数の単元にまたがって、重点化して指導する内容を設定し学習評価をするなど、長いスパンを確保して丁寧に評価するなどの工夫も考えられます。

（末岡洋一）

# 9 技術・家庭科（技術分野）

## 1 技術分野の特徴

はじめに、技術分野の指導計画を立てる上で注意すべき点を三つ確認しておきます。

①3年間を通してA〜Dの四つの内容を扱います。内容ごとに、内容A〜Cは⑶まで、内容Dのみ⑷までの項目が設定されています。

②各内容における学習過程はほぼ同一です。その学習過程を構成する要素は、「生活や社会を支える技術」「技術による問題の解決」「社会の発展と技術」の三つから成り立っています。（解説技術・家庭編、23頁参照）

③「各項目に配当する授業時数及び各項目の履修学年については、生徒や学校、地域の実態等に応じて、各学校において適切に定めること」（解説技術・家庭編、120頁参照）とされています。

次に、技術分野における「主体的に学習に取り組む態度」の評価は、「粘り強さ」と「自らの学習の調整」に加えて、「これらの学びの経験を通して涵養された、技術を工夫し創造しようとする態度」（以降「技術を工夫し創造しようとする態度」とする）（「学習評価に関する参考資料」30頁）の、主に三つの側面から評価をしていきます。

以上を踏まえて、主体的に学習に取り組む態度の指導と評価を考えます。

## 2 内容の要素ごとの学習評価

解説技術・家庭編（60頁）や「学習評価に関する参考資料」（44頁）を参考に、例えば内容Aの各要素と「主体的に学習に取り組む態度」との関係について、表1のようにまとめられます。

項目（1）の「生活や社会を支える技術」では、主に「粘り強さ」の側面から指導し評価していきます。ここでは、まず生徒が興味をもちそうな素材を用意したり、今まで気付かなかった技術を紹介したりすることで、技術に対する興味をもてるようにします。次に、生活や社会を支えている技術について調べる活動などを通して、技術の見方・考え方に気付かせます。そして最後のまとめで、「もっと知りたい」「さらにやってみたい」など今後の学習への意欲を表出させ、その内容を評価するような指導が考えられます。

項目(2)の「技術による問題の解決」では、主に「自らの学習の調整」の側面から指導し評価していきます。ここでは、技術の見方・考え方を働かせて問題解決をしていく中で、例えば計画と結果とを照らしながらどうすればよりよく課題を解決できるか考えさせたり、どのような方法が有効か最適な手順を考えさせたりします。その思考活動の記録を基に評価するような指導が考えられます。

項目(3)の「社会の発展と技

表1　内容Aの各要素と「主体的に学習に取り組む態度」との関係

| 要素 | 生活や社会を支える技術 | 技術による問題の解決 | 社会の発展と技術 |
|---|---|---|---|
| 内容Aの項目 | (1) | (2) | (3) |
| 「主体的に学習に取り組む態度」 | ・進んで材料と加工の技術と関わり、主体的に理解し、技能を身に付けようとする態度 | ・自分なりの新しい考え方や捉え方によって、解決策を構想しようとする態度<br>・自らの問題解決とその過程を振り返り、よりよいものとなるよう改善・修正しようとする態度 | ・よりよい生活や持続可能な社会の構築に向けて、材料と加工の技術を工夫し創造していこうとする態度 |
| 「主体的に学習に取り組む態度」を評価する主な側面 | 粘り強さ | 自らの学習の調整 | 技術を工夫し創造しようとする態度 |

※下線は引用者。他の内容については、下線部を「生物育成」や「エネルギー変換」「情報」に置き換えて考えることができます。

術」では、主に「技術を工夫し創造しようとする態度」の側面から指導し評価していきます。ここでは、内容Aでの学習活動を振り返り、それを基に自分なりにどう技術を活用していこうか考えさせ、「技術の将来展望について意思決定させて発表させたり、提言をまとめさせたり」(解説技術・家庭編、32頁)した内容から評価するような指導が考えられます。

## 3　3年間を見通した評価規準の作成

最後に、学年や題材に応じた評価規準の作成について考えていきます。技術分野の各内容における学習過程はほぼ統一されています。つまり3年間でいくつかの題材を、同じような学習過程を通して学んでいきます。大切なのは、3年間を見通して題材ごとに育成する資質・能力の水準を上げていき、3年間の学習が終わるときには学習指導要領で示された資質・能力を身に付けているようにすることです。そのために、例えば表2のように、事前に3年間で扱う題材を見通して評価規準をまとめておきます。そして最初に扱う題材では【題材①】(範囲は自分の生活)を、また例えば三つ目の題材では【題材③】(範囲は社会全体)を参考にすることで、3年間を見通した評価規準を適切に設定できます。(小倉　修)

表2　題材ごとの「社会の発展と技術」における「主体的に学習に取り組む態度」の評価規準例

| | |
|---|---|
| **「社会の発展と技術」での学習指導** | （題材を通して技術の長所と短所を評価させ、）それをもとに自分なりに技術をどう活用するか、おりあいを付けながら考えさせる。 |
| **評価方法** | ワークシートへの記載（どう技術を工夫し創造していこうとしているか、を評価する） |
| **題材ごとの評価規準** | 【題材①】<br>自分の生活をよりよくするため、安全性や経済性等の視点から、技術の長所と短所を踏まえて技術をどう活用するか考え工夫し創造していこうとしている。 |
| | 【題材②】<br>家庭や地域をよりよくするため、環境負荷等の視点から、技術の長所と短所を踏まえて技術をどう活用するか考え工夫し創造していこうとしている。 |
| | 【題材③】<br>社会全体をよりよくするため、安全性や環境負荷等の視点から、技術の長所と短所を踏まえて技術をどう活用するか考え工夫し創造していこうとしている。 |
| | 【題材④】<br>未来や持続可能な社会のため、社会からの要求等の視点から、技術の長所と短所を踏まえて技術をどう活用するか考え工夫し創造していこうとしている。 |
| | 【題材⑤】<br>未来や持続可能な社会のため、社会からの要求等の視点や様々な立場から、技術の長所と短所を踏まえて技術をどう活用するか考え工夫し創造していこうとしている。 |

# 10 家庭科、技術・家庭科（家庭分野）

## 1 家庭科、技術・家庭科（家庭分野）における〔学びに向かう力、人間性等〕

28答申では、「家庭科、技術・家庭科（家庭分野）で育成することを目指す資質・能力は、『生活の営みに係る見方・考え方』を働かせつつ、生活の中の様々な問題の中から課題を設定し、その解決を目指して解決方法を検討し、計画を立てて実践するとともに、その結果を評価・改善するという活動の中で育成できる」としています。この学習過程（「生活の課題発見」「解決方法の検討と計画」「課題解決に向けた実践活動」「実践活動の評価・改善」「家庭・地域などでの実践」）に沿って、〈知識及び技能〉を習得し、それらを活用するなどして〈思考力、判断力、表現力等〉を育成しながら、家庭科、技術・家庭科（家庭分野）における〈学びに向かう力、人間性等〉の涵養を図ります。

図1は、28答申で示された学習過程の参考例を基に、いわゆる問題解決的な学習を通

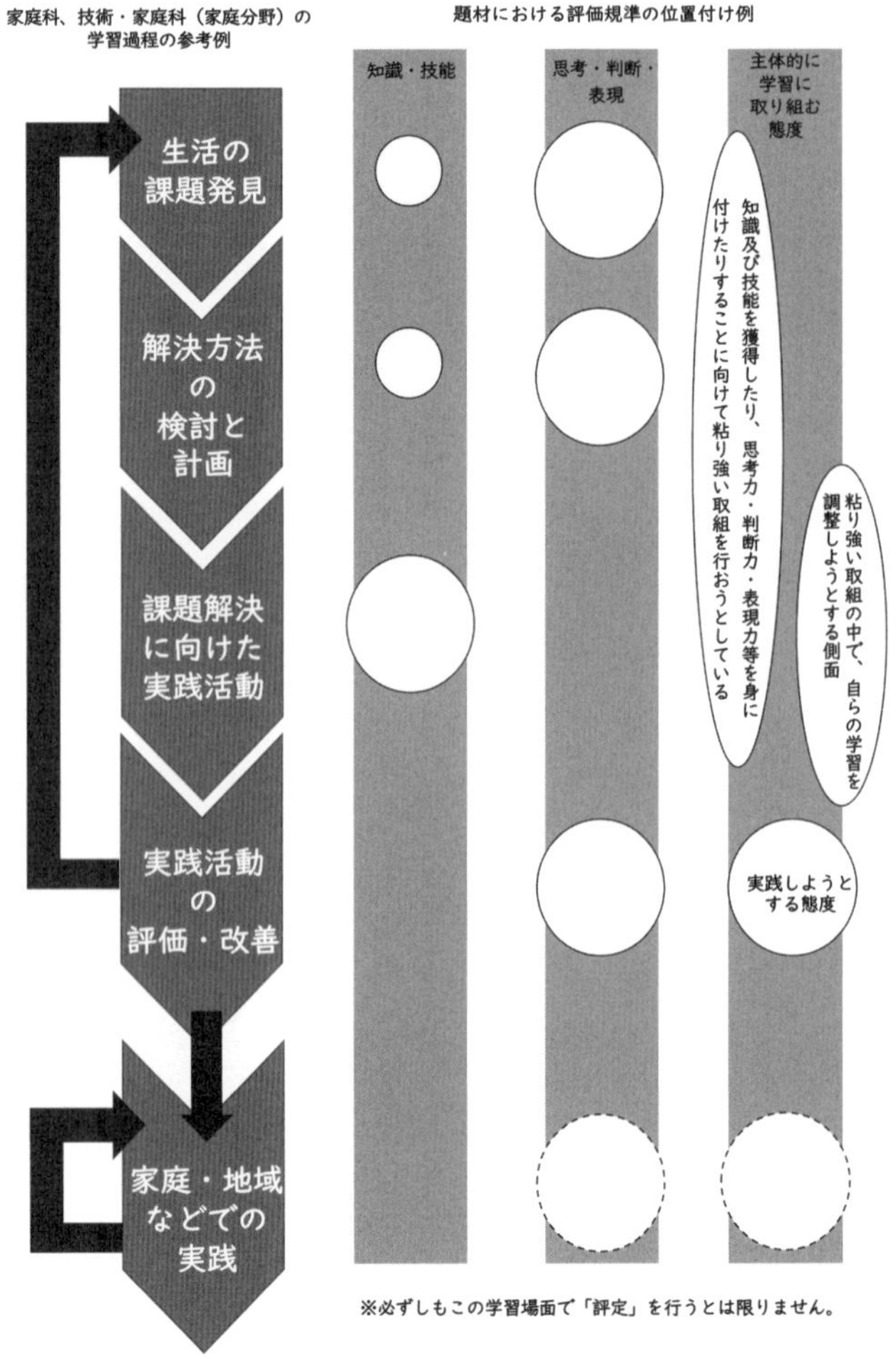
家庭科、技術・家庭科（家庭分野）の
学習過程の参考例
題材における評価規準の位置付け例
知識・技能
思考・判断・表現
主体的に学習に取り組む態度
生活の課題発見
解決方法の検討と計画
課題解決に向けた実践活動
実践活動の評価・改善
家庭・地域などでの実践
知識及び技能を獲得したり、思考力・判断力・表現力等を身に付けたりすることに向けて粘り強い取組を行おうとしている
粘り強い取組の中で、自らの学習を調整しようとする側面
実践しようとする態度
※必ずしもこの学習場面で「評定」を行うとは限りません。

図1

して、家庭科、技術・家庭科（家庭分野）の〔知識及び技能〕〔思考力、判断力、表現力等〕〔学びに向かう力、人間性等〕の三つの資質・能力がどのように育まれるかについて、題材における評価規準の位置付け例として筆者が整理したものです。家庭科、技術・家庭科（家庭分野）では、基礎的・基本的な〔知識及び技能〕を身に付けるだけではなく、それらを活用する中で、新しい知識を獲得するなど、知識の理解の質を高めることを目指しています。

したがって、「知識」については、家庭生活を構成している要素が分かり、その成り立ちや意味について理解しているかについて評価するとともに、概念等の理解につながっているかを適切に評価することが求められます。「技能」についても同様に、一定の手順や段階を追って身に付く個別の技能だけではなく、それらが自分の経験や他の技能と関連付けられ、変化する状況や課題に応じて主体的に活用できる技能として身に付いているかについて評価します。「思考・判断・表現」については、知識及び技能を活用して自分なりに工夫しているかについて評価することに重点を置くのではなく、例えば、おいしく調理するために、児童生徒が考えたり創意工夫したりしたことについて評価するだけではなく、それに向けて課題をもち、計画を立てて、実践を評価・改善するまでのプロセスについて評価します。

家庭科、技術・家庭科（家庭分野）における〔学びに向かう力、人間性等〕は、以下のように示されています。

・家庭生活を大切にする心情を育むとともに、家族や地域の人々と関わり、家庭生活をよりよくしようと工夫する実践的な態度を養うこと(小学校)

・自分と家族、家庭生活と地域との関わりを考え、家族や地域との関わりを考え、家族や地域の人々と協働し、よりよい生活の実現に向けて、生活を工夫し創造しようとする実践的な態度を養うこと(中学校)

ここで言う実践的な態度とは、日常生活の様々な問題を解決するために一連の学習過程を通して身に付けた力を、家庭生活をよりよくするために生かして実践しようとする態度のことを指します。この力は、家庭科、技術・家庭科(家庭分野)で身に付けた力を家庭、地域から最終的に社会へとつなげ、社会を生き抜くために必要な力です。

なお、家庭科、技術・家庭科(家庭分野)で養うことを目指す実践的な態度には、前述の家族や地域の人々と関わり、協力・協働しようとする態度のほかに、小学校では生活文化を大切にしようとする態度、生活を楽しもうとする態度など、中学校では生活文化を継承しようとする態度、生活を楽しみ、豊かさを味わおうとする態度、将来の家庭生活や職業との関わりを見通して学習に取り組もうとする態度なども含まれています。

## 2 主体的に学習に取り組む態度の育成に向けた指導と評価

家庭科、技術・家庭科（家庭分野）における「主体的に学習に取り組む態度」の観点は、「①知識及び技能を獲得したり、思考力、判断力、表現力等を身に付けたりすることに向けた粘り強い取組を行おうとしている側面」「②粘り強い取組の中で、自らの学習を調整しようとする側面」の二つに加え、「③実践しようとする態度」について評価します。

①については、例えば、基礎的・基本的な（知識及び技能）を身に付ける場面で、自分なりに解決しようと取り組む様子をポートフォリオの記述内容や行動観察から評価します。②については、例えば、計画を立てる場面で、適切に自己評価したり、相互評価を生かしたりして、よりよい計画にしようと取り組む様子をポートフォリオや計画表の記述内容、行動観察から評価します。なお、この二つの側面は相互に関わり合っていることから、同じ場面において評価することも考えられます。例えば、実践を評価・改善する場面で、自分の取組を振り返り、うまくできたことやできなかったことを適切に評価し、改善しようとしている様子を学習カード及びポートフォリオの記述内容から評価します。特に、自らの学習を調整しようとする側面については、学習前に見通しをもつこと、児童生徒が具体

的な目標をもつこと、学習後に振り返ることなどがポイントとなります。そのためには、学習前後の比較ができるような学習カードを作成し、自分の成長を自覚し、学びの過程の振り返りができるようにします。また、自らの学習を調整しようとする側面は、「主体的・対話的で深い学び」の視点からの授業改善を図る中で、自らの学習の調整を行う場面を設定し、適切に評価することも大切です。例えば、対話的な学びを通して、自分だけでは調整できなかったところを他の児童生徒と共に調整できることに気付くようにするなどの指導の工夫が考えられます。③の「実践しようとする態度」については、実践を通して意欲が高まり、新たな課題を見つけたり、日常生活において活用しようとする姿に表れたりすることから、評価を行う場面を題材の終わりに設定することも考えられます。

また、家庭科、技術・家庭科（家庭分野）においては、内容「A家族・家庭生活」「B衣食住の生活」「C消費生活・環境」までの各項目における指導事項のアで身に付けた〈知識及び技能〉を指導事項イにおいて活用し、〈思考力、判断力、表現力等〉を育み、家庭や地域での実践につなげることができるよう題材を構成し、効果的な指導を工夫しています。主体的に学習に取り組む態度の育成に向けては、内容の関連がある複数の題材を通して、ある程度の時間のまとまりの中で評価することも考えられます。

（大平はな）

# 11 外国語活動、外国語科

## 1 外国語活動、外国語科における〔学びに向かう力、人間性等〕

外国語活動及び外国語科の目標に位置付けられている〔学びに向かう力、人間性等〕(表1)の涵養は、他の教科と同様に〔知識及び技能〕及び〔思考力、判断力、表現力等〕の育成によって図られるものです。

また、児童生徒が主体的に言語活動に取り組むことが外国語によるコミュニケーションを図る資質・能力を身に付ける上で不可欠であり、重要な観点とされています。知識や技能を実際のコミュニケーションの場面で活用し、考えを形成・深化させ、話すことなどを通じた表現を繰り返すことで、児童生徒に自信が生まれ、主体的に学習に取り組む態度が一層向上すると考えられ、三つの目標は不可分に結び付いているとされています。

表1

## 「主体的に学習に取り組む態度」に関する
## 外国語活動、外国語科の目標と観点における趣旨

| | | 学習指導要領における〔学びに向かう力、人間性等〕の目標 | 「観点別学習状況の評価」における「主体的に学習に取り組む態度」の趣旨 |
|---|---|---|---|
| 外国語活動 | 小学校 | 外国語を通して、言語やその背景にある文化に対する理解を深め、相手に配慮しながら、主体的に外国語を用いてコミュニケーションを図ろうとする態度を養う。 | 外国語を通して、言語やその背景にある文化に対する理解を深め、相手に配慮しながら、主体的に外国語を用いてコミュニケーションを図ろうとしている。 |
| 外国語科 | 小学校 | 外国語の背景にある文化に対する理解を深め、他者に配慮しながら、主体的に外国語を用いてコミュニケーションを図ろうとする態度を養う。 | 外国語の背景にある文化に対する理解を深め、他者に配慮しながら、主体的に外国語を用いてコミュニケーションを図ろうとしている。 |
| | 中学校 | 外国語の背景にある文化に対する理解を深め、聞き手、読み手、話し手、書き手に配慮しながら、主体的に外国語を用いてコミュニケーションを図ろうとする態度を養う。 | 外国語の背景にある文化に対する理解を深め、聞き手、読み手、話し手、書き手に配慮しながら、主体的に外国語を用いてコミュニケーションを図ろうとしている。 |
| | 高等学校 | 外国語の背景にある文化に対する理解を深め、聞き手、読み手、話し手、書き手に配慮しながら、主体的、自律的に外国語を用いてコミュニケーションを図ろうとする態度を養う。 | 外国語の背景にある文化に対する理解を深め、聞き手、読み手、話し手、書き手に配慮しながら、主体的、自律的に外国語を用いてコミュニケーションを図ろうとしている。 |

## 2 「主体的に学習に取り組む態度」の評価規準の作成

外国語活動、外国語科の目標を踏まえ、31通知では、校種ごとの外国語における「主体的に学習に取り組む態度」の趣旨（表1）が示されています。

外国語では、内容のまとまりである五つの領域（「聞くこと」「読むこと」「話すこと（やり取り）」「話すこと（発表）」「書くこと」）ごとの目標の記述は、資質・能力の三つの柱を総合的に育成する観点から、各々を三つの柱に分けずに、一文ずつの能力記述文で示されています。

内容のまとまりごとの目標から、趣旨に即して各学校で、評価規準を作成します。「主体的に学習に取り組む態度」の評価規準を作成する際には、趣旨に記述されている「コミュニケーションを図ろう」の箇所をそれぞれ「内容のまとまり」に置き換えていきます。

さらに、各学校では、内容のまとまりごとに各学年の目標及び三観点別の評価規準を作成します。それを踏まえ、単元ごとの目標を設定していきます。

単元ごとの目標及び評価規準は、次の内容に即して設定していきます（表2）。

・各単元で取り扱う題材

・言語の特徴やきまりに関する事項（言語材料）
・当該単元の中心となる言語活動において設定するコミュニケーションを行う目的や場面、状況など
・取り扱う話題など

また、言語活動への取り組みに関して見通しを立てたり振り返ったりして自らの学習を自覚的に捉えている状況についても、特定の領域・単元だけではなく、年間を通じて評価するとされています。

表2　「主体的に学習に取り組む態度」の評価規準例

| | |
|---|---|
| **小学校** | 相手によりよく分かってもらえるように(目的)、日本の行事や食べ物、自分の好きな日本文化などについて(話題)、考えや気持ちなど(内容)を話そうとしている。 |
| **中学校** | 学校ホームページのアクセス数を増やすために(目的)、学校行事や部活動等について(話題)、事実や自分の考え(内容)を整理し、簡単な語句や文いてまとまりのある文章を書こうとしている。 |

国立政策研究所(2020)※下線部は引用者加筆

## 3 主体的に学習に取り組む態度の育成に向けた指導と評価

児童生徒の主体的に学習に取り組む態度を育成するためには、学習者である児童生徒が興味をもって取り組むことができる言語活動を設定していくことが大切です。易しいものから段階的に取り入れたり、自己表現活動の工夫をしたりするなど、様々な手立てを通じて指導をすることを考えていくことが必要でしょう。

外国語で言う言語活動とは、「実際に英語を使用して互いの考えや気持ちを伝え合うなど」の活動、「〔知識及び技能〕を活用し、〔思考力、判断力、表現力等〕を育成するための活動」とされています。ビンゴを行う、単語を発音する、基本文をノートに書き写す、ということではありません。

さて、育成する〔思考力、判断力、表現力等〕とは具体的にどのような資質・能力を育むことでしょうか。〔思考力、判断力、表現力等〕とは、情報を整理しながら考えなどを形成し、英語で表現したり、伝え合ったりすることです（表3）。

〔知識及び技能〕を活用し、具体的な課題等の設定の中で、コミュニケーションを行う目的や場面、状況などに応じ、〔思考力、判断力、表現力等〕を育成していく言語活動を行っ

表3 〔思考力、判断力、表現力等〕の内容

| | 内容 |
|---|---|
| 小学校 外国語活動 | ・自分のことや身近で簡単な事柄について、簡単な語句や基本的な表現を使って、相手に配慮しながら、伝え合うこと。<br>・身近で簡単な事柄について、自分の考えや気持ちなどが伝わるよう、工夫して質問をしたり質問に答えたりすること。 |
| 小学校 外国語科 | ・身近で簡単な事柄について、伝えようとする内容を整理した上で、簡単な語句や基本的な表現を用いて、自分の考えや気持ちなどを伝え合うこと。<br>・身近で簡単な事柄について、音声で十分に慣れ親しんだ簡単な語句や基本的な表現を推測しながら読んだり、語順を意識しながら書いたりすること。 |
| 中学校 外国語 | ・日常的な話題や社会的な話題について、英語を聞いたり読んだりして必要な情報や考えなどを捉えること。<br>・日常的な話題や社会的な話題について、英語を聞いたり読んだりして得られた情報や表現を、選択したり抽出したりするなどして活用し、話したり書いたりして事実や自分の考え、気持ちなどを表現すること。<br>・日常的な話題や社会的な話題について、伝える内容を整理し、英語で話したり書いたりして互いに事実や自分の考え、気持ちなどを伝え合うこと。 |

学習指導要領(平成29年～31年版)から抜粋

ていくことが大切です。

児童生徒の実態に合わせた言語活動を通して、スモールステップを踏みながら興味をもって取り組み、徐々に自信を付けていくことは、児童生徒の主体性を育むことにつながっていくと考えられます。

主体性を育めるような授業改善を踏まえた上で、「外国語の背景にある文化に対する理解を深め、『相手』（もしくは『他者』もしくは『聞き手、読み手、話し手、書き手』）に配慮しながら、主体的に外国語を用いてコミュニケーションを図ろうとしている」という趣旨に基づいて、「主体的に学習に取り組む態度」を児童生徒の姿、取り組みから実際に評価していくわけですが、外国語活動及び外国語科では「思考、判断、表現」の観点と一体的に評価をしていくということが言われています。

〈思考力、判断力、表現力等〉の育成には、コミュニケーションを行う目的や場面、状況があり、その評価の観点となる「思考・判断・表現」の評価規準には、コミュニケーションを行う目的や場面、状況などを含むものとなっています。目的や場面、状況などに応じたコミュニケーションを図ろうとするためには、「外国語の背景にある文化に対する理解」や、「相手」「他者」もしくは「聞き手、読み手、話し手、書き手」への配慮が必要であり、このことから、「主体的に学習に取り組む態度」の評価規準を、「思考・判断・表現」の評価規準と対の形とし、基本的には一体的に評価することができるとされています。

外国語活動及び外国語科における〈学びに向かう力、人間性等〉、その評価の観点となる「主体的に学習に取り組む態度」の趣旨や考え方、主体性を育む上で大切になってくる言語活動の捉えなどをいくつか述べました。大切なことは、そうしたことを踏まえ、授業改善をしっかりと行い、児童生徒の資質・能力を育む授業を行うことです。特に外国語活動及び外国語科では、言語活動の捉えをしっかりとした授業改善を進めることが大切です。その活動を通じて、どのような資質・能力が授業において育めたか、身に付いたかを捉える学習評価であってほしいものです。

〈西村秀之〉

# 12 特別の教科 道徳

## 1 特別の教科 道徳（以下「道徳科」）における学習評価

道徳科の目標は、よりよく生きるための基盤となる道徳性を養うため、道徳的諸価値についての理解を基に、自己を見つめ、物事を（広い視野から）多面的・多角的に考え、自己の（人間としての）生き方についての考えを深める学習を通して、道徳的な判断力・心情・実践意欲と態度を育てることです。ここで言う道徳性とは、「思考や判断、行動などを通してよりよく生きるための営みを支える基盤となるもの」「人間としての本来的な在り方やよりよい生き方を目指して行われる道徳的行為を可能にする人格的特性であり、人格の基盤をなすもの」「人間らしいよさであり、道徳的価値が一人一人の内面において統合されたもの」と解説総則編に記されています。

道徳科の評価の在り方については、「道徳教育に係る評価等の在り方に関する専門会議『特別の教科 道徳』の指導法・評価等について（報告）」（平成28年7月22日）において、次のように記されています。

① 道徳性の育成は資質・能力の三つの柱の土台であり目標でもある「どのように社会・世界に関わり、よりよい人生を送るか（学びに向かう人間性）」に深く関わっていること。

② 道徳的判断力、心情、実践意欲と態度のそれぞれについて分節し、観点別評価（学習状況を分析的に捉える）を通じて見取ろうとすることは、児童生徒の人格そのものに働きかけ、道徳性を養うことを目的とする道徳科の評価としては妥当とは言えないこと。

③ 道徳科については、「道徳的諸価値についての理解を基に、自己を見つめ、物事を（広い視野から）多面的・多角的に考え、自己（人間として）の生き方についての考えを深める」という学習活動における児童生徒の具体的な取組状況を、一定のまとまりの中で、児童生徒が学習の見通しを立てたり学習したことを振り返ったりする活動を適切に設定しつつ、学習活動全体を通して見取ることが求められること。

**④ その際、個々の内容項目ごとではなく、大くくりなまとまりを踏まえた評価にすること。**

**⑤ 他の児童生徒との比較ではなく、児童生徒がいかに成長したかを積極的に受け止めて認め、励ます個人内評価として記述式で行うこと。**

**⑥ その際、道徳教育の質的転換を図るという今回の道徳の特別教科化の趣旨を踏まえれば、特に、学習活動において児童生徒がより多面的・多角的な見方へと発展しているか、道徳的価値の理解を自分自身との関わりの中で深めているかといった点を重視することが求められること。**

また、学習活動における「児童（生徒）の学習状況や道徳性に係る成長の様子を、観点別評価（分析的に捉える）ではなく、個人内評価として丁寧に見取り、記述で表現することが適切であり、具体的には、個人内評価を記述で行うに当たっては、道徳科の学習において、その学習活動を踏まえ、観察や会話、作文やノートなどの記述、質問紙などを通して、例えば、次のような点に注目することが求められることにも触れています。

・他者の考えや議論に触れ、自律的に思考する中で、一面的な見方から多面的・多角的な見方へと発展しているか。
・多面的・多角的な思考の中で、道徳的価値の理解を自分自身との関わりの中で認めているか。

## 2 主体的な学び手を育む道徳科の学習と評価

道徳科は、道徳性を養う時間であり、道徳性の様相を育てる時間です。学校教育における道徳教育で養う道徳性は、①道徳的判断力（それぞれの場面で善悪を判断する能力）、②道徳的心情（道徳的価値の大切さを感じ取り、善を行うことを喜び、悪を憎む感情）、③道徳的実践意欲（道徳的判断力や道徳的心情を基盤とし道徳的価値を実現しようとする意志の働き）、④道徳的態度（道徳的判断力や道徳的心情に裏付けられた具体的な道徳的行為への身構え）です。つまり、一人一人の児童生徒が道徳的価値を自覚し、自己（人間としての）生き方についての考えを深め、日常生活や今後出会うであろう様々な場面、状況で、道徳的価値を実現するための適切な行為を主体的に選択し、実践することができるような内面的資質を養う時間なのです。

したがって、内容項目について単に知識として観念的に理解させるだけの指導をしたり、特定の価値観を児童生徒に押し付けたりするような指導は避けなければなりません。また、従来から問題視されていた主題やねらいの設定が不十分な単なる生活経験の話合いや読み物の登場人物の心情の読み取りに偏った形式的な指導を改め、主体的・対話的で深い学びの実現に向けた不断の授業改善に努めなければならないのです。

そして学習状況の評価を行うに当たっては、年間や学期といった一定のまとまりの中で、次の2点を中心に児童生徒の学習状況や道徳性に係る成長の様子を把握することが大切になることが、解説総則編に記されています。

**(1) 一面的な見方から多面的・多角的な見方へと発展させているかどうか**

- **道徳的価値に関わる問題に対する判断の根拠やそのときの心情を様々な視点から捉えようとしている。**
- **自分と違う立場や感じ方、考え方を理解しようとしている。**
- **複数の道徳的価値の対立が生じる場面において取り得る行動を多面的・多角**

的に考えようとしている。

(2)道徳的な価値の理解を自分自身との関わりの中で深めているかどうか

・読み物教材の登場人物を自分に置き換えて考え、自分なりに具体的にイメージして理解しようとしている。

・現在の自分自身を振り返り、自ら行動や考えを見直していることがうかがえる部分に着目している。

・道徳的な問題に対して自己の取り得る行動と他者と議論する中で、道徳的価値の理解を更に深めている。

・道徳的価値の実現することの難しさを自分のこととして捉え、考えようとしている。

## 3 カリキュラム・マネジメントと道徳科

学習指導要領においては、各教科の内容を横断して資質・能力を育むためのカリキュラム・マネジメントが重視されており、道徳教育においても全体計画を作成するに当たり、学校の特色や教育課題に即した全体計画を立て、組織的に取り組むことが重要です。特に答えが一つではない現代的な課題への道徳的な探究を深めるためには、各教科との関連を重視する必要があります。そのためには、教科書教材を消化していくという意識を捨て、学校独自のカリキュラムのもとに道徳科を実践することが大切です。

例えば、総合的な学習の時間で取り組まれることの多いSDGs（持続可能な開発目標）などは道徳科と関連させることでより深い学びを実現することができます。SDGsの理念は「誰一人取り残さない」という「思いやり」や「やさしさ」に裏付けられています。単に環境保全の活動をしたり企業とタイアップした学習を行ったりすることにとどめず、遠く離れた人々や未来を生きる人々を想像して行動できるようにする道徳心を育てることが大切です。

また、児童会や生徒会、学校行事と道徳を関連させることで「自主性」や「責任感」といった道徳的な価値を自覚させられます。上級生へのあこがれや下級生への思いやりなども学校生活との関わりで考えさせるほうがより問題意識がもてます。

「道徳教育の要である道徳科をどうするか」は、学校教育目標の実現と言っても過言ではありません。校長あるいは道徳教育推進委員が中心になり、学校がチームとして取り組まなければならないのです。

（坂本正治）

# 13 総合的な学習の時間、総合的な探究の時間

## 1 総合的な学習の時間、総合的な探究の時間における〔学びに向かう力、人間性等〕

総合的な学習の時間、総合的な探究の時間（以下、総合の時間）では、児童生徒が身近な人々や社会、自然に興味や関心をもち、その関わりの中で自ら課題を設定し解決していきます。総合の時間で育成する資質・能力は「よりよく課題を解決し自分の生き方を考えるための資質・能力」です。（解説総合の時間編小・中17頁、高19頁）よりよい課題の解決のために、自らが見いだした課題の解決に向け、主体的に取り組むことが重要です。また、児童生徒が生きる現代社会は複雑であり、そこに存在する問題は一人だけの力で解決することが難しいことから、他者と協働的に取り組むことも重要になってきます。

高等学校においては、平成30年度版学習指導要領で、名称が「総合的な探究の時間」に変更されました。それは、小・中学校における総合的な学習の時間の取組を基盤とし、「自

己の在り方生き方を考えながら、よりよく課題を発見し解決していくための資質・能力を育成する」（解説総合の時間編、7頁）ことを目指そうとしているからです。そして、高等学校においては探究がより自律的になることが期待されており、目標には「新たな価値を創造し、よりよい社会を実現しようとする」という文言で示されています。

総合の時間では、実社会や実生活の課題を探究することを通して、社会に自ら参画し、社会を創造しようという自覚が一人一人の児童生徒に育成されることが期待されており、自己の生き方を問い続ける姿が涵養されることが求められています。

## 2 総合の時間における評価規準の作成とその実現

「学習評価に関する参考資料」では、「内容のまとまり」を基にして単元全体を見通した単元目標を作成し、「内容のまとまりごとの評価規準」を基に、具体的な学習活動から目指すべき児童の姿を想定して、単元の評価規準を作成するとしています。単元目標を作成するに当たっては、次のア〜エの四つの要素を構造的に配列して作成する例が挙げられています。

### ア 探究課題を踏まえた単元において中心となる学習対象や学習活動

**イ　育成を目指す具体的な資質・能力のうち、単元において重視する「知識及び技能」**

**ウ　育成を目指す具体的な資質・能力のうち、単元において重視する「思考力、判断力、表現力等」**

**エ　育成を目指す具体的な資質・能力のうち、単元において重視する「学びに向かう力、人間性等」**

「単元の評価規準」の作成のポイントとしては、「⑴自己理解・他者理解」「⑵主体性・協働性」「⑶将来展望・社会参画」などについて表1のように、育成される資質・能力を児童生徒の姿として評価規準を作成することが挙げられています。総合の時間における児童生徒の学習状況の評価は教科の評定のように数値等で行うことはできません。よって、学習活動における具体的な児童生徒の姿を評価規準と照らし、資質・能力の実現の状況を評価する必要があるでしょう。

表1 **児童生徒に育成される資質・能力の例**

| | ①自己理解・他者理解 | ②主体性・協働性 | ③将来展望・社会参画 |
|---|---|---|---|
| **小学校**<br>**中学校** | ・自分の生活を見直し、自分の特徴やよさを理解しようとする。<br>・異なる意見や他者の考えを受け入れて尊重しようとする。 | ・自分の意思で目標に向かって課題の解決に取り組む。<br>・自他のよさを生かしながら協力して問題の解決に取り組む。 | ・自己の生き方を考え、夢や希望を持ち続ける。<br>・実社会や実生活の問題解決に、自分のこととして取り組む。 |
| **高等学校** | ・探究を通して、自己を見つめ、自分の個性や特徴に向き合おうとする。<br>・探究を通して、異なる多様な意見を受け入れ、尊重しようとする。 | ・自分の意思で真摯に課題に向き合い、解決に向けた探究に取り組もうとする。<br>・自他のよさを認め特徴を生かしながら、協働して解決に向けた探究に取り組もうとする。 | ・探究を通して、自己の在り方生き方を考えながら、将来社会の理想を実現しようとする。<br>・探究を通して、社会の形成者としての自覚をもって、社会に参画・貢献しようとする。 |

## 3 主体的に学習に取り組む態度の育成に向けた指導と評価

総合の時間において、児童生徒が興味ある学習活動に取り組む際、本気になり課題を納得するまで追究していくことが重要です。児童生徒のもつ力を引き出し、伸ばしていく必要があります。児童生徒の主体性が発揮されている場面において、自ら変容していく姿を見守ったり、取組が停滞あるいは迷っているときには、適切な指導をしたりすることが必要になるでしょう。そのためには、学習を展開するに当たって、教師自身が、期待する学習の方向性や児童生徒の望ましい変容の姿を想定しておくことが大切です。そして、実際に学習活動を展開する中で、教師が予想していなかった展開になったり、価値ある学習につながる場面に遭遇したりした場合には、授業計画を柔軟に修正することも大切でしょう。

学習評価に当たっては、各学校で設定した評価規準と実際の学習状況とを照らし合わせて評価していきます。そのために、学習活動の記録や作品などの評価資料を集積しておき、児童生徒の成長や学習状況を分析的に評価するようにします。また、振り返りカードや作品等の記録からだけでなく、学習活動中の行動観察も合わせて分析することで、評価規準に示す資質・能力が育成されているかを評価することができます。

（岡本利枝）

# 14 特別活動

## 1 特別活動における〔学びに向かう力、人間性等〕

解説特別活動編には、特別活動について、以下のように示されています。

**特別活動は、「集団や社会の形成者としての見方・考え方」を働かせながら「様々な集団活動に自主的・実践的に取り組み、互いのよさや可能性を発揮しながら集団や自己の生活上の課題を解決する」ことを通して、資質・能力を育むことを目指す教育活動である。**

特別活動において、児童生徒は他者と協働しながら、よりよい集団や学校生活を築いていくことを目指します。特別活動の学習過程は集団生活の中で課題を見いだし、その課題の解決のために話し合い、決まったことを実践して、その成果や課題について振り返り、自己実現を図っていきます。その中で、児童生徒は「集団や社会の形成者としての見方・考え方」を働かせながら、各校種で表1に示す〈学びに向かう力、人間性等〉の涵養を目指すことになります。

## 2 特別活動における評価規準の作成

特別活動の「評価の観点」は、特別活動の特質と学校の創意工夫を生かすために、特別活動の目標と内容を踏まえ、各学校の実態に応じた具体的な観点を設定します。「評価の観点」を設定したら、育成を目指す資質・能力を、「各活動・学校行事の目標」を踏まえつつ、各校の実態に合わせて重点化し、設定していきます。

各学校で育成を目指す資質・能力を設定したら、「内容のまとまりごとの評価規準」を作成していきます。「内容のまとまりごとの評価規準」の作成に当たっては、表2の「主体的に学習に取り組む態度」の評価規準作成のポイントや、解説特別活動編に示されている発達の段階に即した指導の目安や配慮事項を踏まえて、表3の「学級活動（1）・ホームルーム活動（1）の評価規準例」のように具体的に設定します。そして、評価規準は児童生徒に学

表1　**特別活動の目標**

| | 〔学びに向かう力、人間性等〕 |
|---|---|
| **小学校** | 自主的、実践的な集団生活を通して身に付けたことを生かして、集団における生活及び人間関係をよりよく形成するとともに、自己の生き方について考えを深め、自己実現を図ろうとする態度を養う。 |
| **中学校** | 自主的、実践的な集団生活を通して身に付けたことを生かして、集団における生活及び人間関係をよりよく形成するとともに、人間としての生き方について考えを深め、自己実現を図ろうとする態度を養う。 |
| **高等学校** | 自主的、実践的な集団生活を通して身に付けたことを生かして、主体的に集団や社会に参画し、生活及び人間関係をよりよく形成するとともに、人間としての在り方生き方についての自覚を深め、自己実現を図ろうとする態度を養う。 |

習の見通しをもたせるためにも、授業の最初に示すことが必要です。そうすることで、児童生徒が自主的・実践的に学習活動に関わろうとする態度を養うようにしていきます。

## 3 主体的に学習に取り組む態度の育成に向けた指導と評価

実社会で、人は様々な集団に所属する中で、様々な困難や障害を克服し、人間性を高め自己実現を図っていきます。よって、多様な集団に所属し、よりよい人間関係や集団を築いたり、自己実現を図ったりすることは人間としての自己の在り方や生き方と深く関わっていきます。そのように社会を生きる児童生徒に、特別活動

表2 「主体的に学習に取り組む態度」の評価規準作成のポイント

○「主体的に学習に取り組む態度」のポイント

・「主体的に学習に取り組む態度」は、自己のよさや可能性を発揮しながら、主体的に取り組もうとする態度として捉え、評価規準を作成する。

・身に付けた「知識及び技能」や「思考力・判断力・表現力等」を生かして、よりよい生活を築こうとしたり、よりよく生きていこうとしたりする態度の観点を具体的に記述する。

・各活動・学校行事において、目標をもって粘り強く話合いや実践活動に取り組み、自らの調整を行いながら改善しようとする態度を重視することから、「見通しをもったり振り返ったりして」という表現を用いる。

・文末を「〜しようとしている」とする。

（「学習評価に関する参考資料」　小学校　特別活動　p.30）

表3 学級活動(1)・ホームルーム活動(1)の評価規準例

| | 主体的に生活や人間関係をよりよくしようとする態度 |
| --- | --- |
| 小学校 | 【学級活動「(1) 学級や学校における生活づくりへの参画」の評価規準(例)】<br>〔第5学年及び第6学年の例〕<br>楽しく豊かな学級や学校の生活をつくるために、見通しをもったり振り返ったりしながら、自己のよさを発揮し、役割や責任を果たして集団活動に取り組もうとしている。 |
| 中学校 | 【学級活動「(1) 学級や学校における生活づくりへの参画」の評価規準(例)】<br>学級や学校における人間関係を形成し、見通しをもったり振り返ったりしながら、他者と協働して日常生活の向上を図ろうとしている。 |
| 高等学校 | 【ホームルーム活動 (1) ホームルームや学校における生活づくりへの参画」の評価規準(例)】<br>ホームルームや学校における生活や人間関係をよりよく形成し、多様な他者と積極的に協働しながら日常生活の向上・充実を図ろうとしている。 |

では様々な集団活動で自主的・実践的に関わろうとする態度を養う必要があります。解説特別活動編では、自主的・実践的に関わる児童の具体的な姿の例として次の三つを示しています。

**○多様な他者の価値観や個性を受け入れ、助け合ったり協力し合ったりして、よりよい人間関係を築こうとする態度。**

**○集団や社会の形成者として、多様な他者と協働して、集団や生活上の諸問題を解決し、よりよい生活をつくろうとする態度。**

**○日常の生活や自己の在り方を主体的に改善しようとしたり、将来を思い描き、自分にふさわしい生き方や職業を主体的に考え、選択しようとしたりする態度。**

特別活動においては、児童生徒一人一人のよさや可能性を積極的に認め、育成を目指す資質・能力が身に付いているかという視点で評価することが大切です。児童生徒が自己の活動を振り返り、新たな目標や課題をもてるように、活動の結果だけでなくその過程における児童生徒の努力する姿なども評価することで多面的、総合的に評価します。そのため、児童生徒の自己評価や相互評価などの学習活動を工夫するなどして、児童生徒の学習意欲の向上につなげていきます。そして、自己評価や相互評価などの学習活動を通して、自らの学びを調整できるようにしたいものです。そして、このような学習活動に対しての「主体的に取り組む態度」を評価します。また、特別活動は学級だけでなく全校または学年を単位として行う活動もあることから、学級担任以外の教師が指導することもあるでしょう。そのために、各学校でどのように評価するのか評価規準や評価方法について、教師同士が共通理解を図って学習評価に当たることが大切です。

（岡本利枝）

# 15 特別支援教育

## 1 教育課程に基づく学習評価について

平成19年に学校教育法等の一部が改正され、特別支援教育制度が始まりました。特別支援教育は、障害のある児童生徒一人一人の教育的ニーズを把握し適切な教育的支援を行うものであり、発達障害等も含め特別な支援を必要とする児童生徒が在籍する小・中学校、高等学校など全ての学校において実施されると示されました。その後、理解は得られてきたものの、未だ「特別支援学級だから評定は出さない」などの誤解があることは事実です。そのため、まずは各学びの場における教育課程について、学校別、学級別、障害種別に整理した上で、特別支援教育における学習評価について示します。

次の表1は、各学びの場における教育課程について筆者が整理したものです。

小・中学校の特別支援学級は、小・中学校に設置されている学級なので、小・中学校の教育課程が適応されます。そこに障害による学習上又は生活上の困難を主体的に改善・

表1　学校別・学級別・障害種別の教育課程一覧（知的障害以外の障害種については、知的障害を併せ有する場合を除く）　※　○は原則　●は可能

<table>
<tr><th colspan="3">学校種、学級、障害部門等</th><th>小・中学校<br>教育課程</th><th>高等学校<br>教育課程</th><th>自立活動<br>＊1</th><th>知的障害の<br>各教科等<br>＊2</th></tr>
<tr><td rowspan="3">小学校<br>中学校</td><td>通常の学級</td><td>通級による指導　＊4</td><td>○</td><td rowspan="3"></td><td>○</td><td rowspan="2"></td></tr>
<tr><td rowspan="2">特別支援学級<br>＊3</td><td>弱視、難聴、肢体不自由、病弱・身体虚弱、言語障害、自閉症・情緒障害</td><td rowspan="2">○</td><td rowspan="2">●</td></tr>
<tr><td>知的障害</td><td>●</td></tr>
<tr><td>高等学校</td><td>通常の学級</td><td>通級による指導　＊4</td><td></td><td>○</td><td>○</td><td></td></tr>
<tr><td rowspan="2">特別支援<br>学校</td><td colspan="2">視覚障害、聴覚障害、肢体不自由、病弱・身体虚弱</td><td>○<br>（小中学部）</td><td>○<br>（高等部）</td><td>○</td><td></td></tr>
<tr><td colspan="2">知的障害</td><td></td><td></td><td>○</td><td>○</td></tr>
</table>

＊1　障害のある児童生徒が自立や社会参加を目指し、障害による学習上又は生活上の困難を主体的に改善・克服するために、特別支援学校に特別に設けられた領域。障害のある児童生徒の教育に当たっては、教育課程上重要な位置を占める。

＊2　「知的障害者である児童生徒に対する教育を行う特別支援学校の各教科等」を略して示す。知的障害者のための国語、算数等があり、学年では無く「段階」ごとに、3つの柱で目標が整理されている。

＊3　特別支援学級において実施する特別の教育課程については、小学校学習指導要領第1章第4の2の（1）のイに示されている通り、（ア）特別支援学校小学部・中学部学習指導要領第7章に示す自立活動を取り入れること（●）、（イ）児童の障害の程度や学級の実態等を考慮の上、各教科の目標や内容を下学年の教科の目標や内容に替えたり、各教科を知的障害の各教科に替えたりする（●）などして、実態に応じた教育課程を編成することができる。（イ）については、特別支援学校学習指導要領第1章第8節「重複障害等に関する教育課程の取扱い」を参照。ここでは、視覚・聴覚・肢体不自由・病弱と知的障害を明確に分けて述べている。
また、小学校学習指導要領には「学校教育法施行規則第126条の2を参考にし…」と示されている。第2項は知的障害のある児童を教育する場合、知的障害の教育課程を編成するもの、と対象を明確にしている。

＊4　通常の学級に在籍する障害のある児童生徒のうち、通級による指導（知的障害は除く）を行い、特別の教育課程を編成する場合には、自立活動の内容を参考とし、具体的な目標や内容を定め、指導を行うものとする。

克服するために「自立活動」を取り入れます。障害の程度等によっては小・中学校の通常の学級と同じ教育課程を適用できない場合もありますので、特別の教育課程を編成することができます。その際、知的障害のある児童生徒については、一部または全部を「知的障害の各教科等」に替えることができます。いずれにしても個別の教育支援計画及び個別の指導計画を作成し、それに基づき評価を行うところが、特別支援学校、特別支援学級の学習評価の特徴です。

31報告の「障害のある児童生徒に係る学習評価の在り方について」には、次のように示されています(219頁、傍線は引用者)。

**障害のある児童生徒の学習評価に当たっては、児童生徒の障害の状態等を十分理解しつつ、行動の観察やノート等の提出物の確認など様々な方法を活用して、一人一人の学習状況を一層丁寧に把握する工夫が必要である。ただし、その評価の考え方についいては、学習指導要領の定める目標に準拠した評価を行うことや個人内評価を重視すること、学習指導と学習評価とを一体的に進めること、指導目標や指導内容、評価規準の設定においては一定の妥当性が求められることなど、障害のない児童生徒**

に対する評価の考え方と基本的に変わりがない。したがって、障害の状態等に即した適切な指導や評価上の工夫は必要であるが、一方で評価そのものへの信頼性にも引き続き十分配慮することが求められる。

目標に準拠した評価の考え方は小・中学校と基本的には変わりなく、特別支援学級や特別支援学校でも知的障害を除き、小・中学校と同じように評価と評定を行います。28答申には、次のように示されています。

**児童生徒一人一人の学習状況を多角的に評価するため、各教科の目標に準拠した評価の観点による学習評価を導入し、学習評価を基に授業評価や指導評価を行い、教育課程編成の改善・充実に生かすことのできるPDCAサイクルを確立することが必要である。**

これを受けて、特別支援学校学習指導要領には、次のように示されています。

**視覚障害者、聴覚障害者、肢体不自由者又は病弱者である児童生徒に対する教育を行う特別支援学校小学部及び中学部の各教科の目標、各学年の目標及び内容並びに指導計画の作成と内容の取り扱いについては、それぞれ小学校学習指導要領第2章及び中学校学習指導要領第2章に示すものに準ずるもの**

ここでいう「準ずる」とは「同じ」という意味であり、各教科の評価については学習状況を分析的に捉える「観点別学習状況の評価」と、それらを総括的に捉える「評定」の両方について、これまで同様、学習指導要領に定める目標に準拠して実施します。

また、知的障害者である児童生徒に対する教育を行う特別支援学校小学部及び中学部においては、「知的障害の各教科等」の目標や内容が小学校等と同様に育成を目指す資質・能力の3つの柱に基づき整理されたことから、学習状況を分析的に捉える「観点別学習状況の評価」を実施する方向性は他障害種と変わらず、学習指導要領に示す目標の実現の状況を判断する拠りどころとして、評価規準を作成することが必要になります。特に知的障害のある児童生徒は、自身の考えや行動を客観的に把握し認識することが困難な場合も考えられるため、具体的な学習活動を考えて授業を構想し、評価規準を設定することが求められます。

自立活動の評価については、児童生徒一人一人の実態に即して、個別に指導目標や指導内容を設定し評価することから、目標設定の妥当性が求められます。解説自立活動編に、目標設定までの流れ図が示されていますので、参考にしてください。

## 2 「内容のまとまりごとの評価規準」作成の手順

「特別支援学校小学部・中学部学習評価参考資料」（令和2年4月文部科学省、以下「特別支援・参考資料」）には、次のように述べられています。

**学習指導要領に示された教科の目標を踏まえて、「評価の観点及びその趣旨」が作成されていることを理解する。その上で、①及び②の手順を踏む。**

**① 各教科における「内容のまとまり」と「評価の観点」との関係を確認する。**

**② 【観点ごとのポイント】を踏まえ、「内容のまとまりごとの評価規準」を作成する。**

特別支援教育

また、観点ごとのポイントとして、次のように述べられています。

**「主体的に学習に取り組む態度」のポイント**

**・当該段階目標のウの主体的に学習に取り組む態度の「観点の趣旨」をもとに、その文末を「〜している。」などとして作成する。**

**・評価規準の冒頭には、当該単元で指導する学習活動を「（学習活動を入れる）を通して、」と明記する。**

## 3 「主体的に学習に取り組む態度」の評価について

本章14までは、各教科等における「主体的に学習に取り組む態度」の評価について述べてきました。特別支援教育は障害のある幼児児童生徒に対する教育の総称であることから、本節では、特別支援学級や特別支援学校における「主体的に取り組む態度」の評価の概要を述べます。

「特別支援・参考資料」には、次のように示されています

**「主体的に学習に取り組む態度」の評価に際しては、単に継続的な行動や積極的な発言を行うなど、性格や行動面の傾向を評価するということではなく、各教科等の「主体的に学習に取り組む態度」に係る観点の趣旨に照らして、知識及び技能を習得したり、思考力、判断力、表現力等を身に付けたりするために、自らの学習状況を把握し、学習の進め方について試行錯誤するなど自らの学習を調整しながら、学ぼうとしているかどうかという意志的な側面を評価することが重要である。**

例えば、重度な障害の児童生徒が、目の前に提示された教材に手を出すことが主体的に学習に取り組む態度であるかどうかは、個別の指導計画に示す目標に準拠して判断します。反射として手が出たのか、こだわりがあって手が出たのか、見て触ろうとして手が出たのか、どれも手を出す行為には違いありませんが、何を目標に課題に取り組んでいるのかによって、評価は違ってきます。28答申には、次のような記載があります。

**「主体的に学習に取り組む態度」については、（中略）子供たちが自ら学習の目標を持**

**ち、進め方を見直しながら学習を進め、その過程を評価して新たな学習につなげるといった、学習に関する自己調整を行いながら、粘り強く知識・技能を獲得したり思考・判断・表現しようとしたりしているかどうかという、意志的な側面を捉えて評価することが求められる。**

「知的障害の各教科等」における「主体的に学習に取り組む態度」の評価については、31通知別紙4及び先述の「特別支援・参考資料」に示されているのでご参照ください。

（萩庭圭子）

## おわりに

日本の学校教育は、変わらなくてはならない時代を迎えています。

経済界では、リーマンショック後「失われた三十年」と言われています。時代は大きく転換してきています。学校教育は変わらなくてもよいのでしょうか。変えようとしていない教育状況も認められます。

小学校では、子供を指名して答えさせたり、答えを板書したりすることだけが授業となっていないでしょうか。中学校や高等学校では、教師が一方的に話をしたり板書したりして、生徒に知識を授けることや、ワークシートに答えを書くことだけが授業になっていないでしょうか。

これからの時代に必要な資質・能力における基礎・基本の内容は、児童生徒が身に付けるべき〔知識及び技能〕〔思考力、判断力、表現力等〕として、学習指導要領に示されています。

さらに、〔知識及び技能〕を獲得したり、〔思考力、判断力、表現力等〕を身に付けたりするために、自らの学習状況を把握し、学習の進め方について試行錯誤するなど、自らの学習を調整しながら学ぼうとしているかどうかという意思的な側面を評価する「主体的に学習に取り組む態度」の理解は進んでいるでしょうか。

本書では、「主体的に学習に取り組む態度」の基本的な考え方を示すとともに、各教科等の「主体的に学習に取り組む態度」に焦点を当て、その作成について解説しました。「主体的に学習に取り組む態度」の評価規準は、授業の担当者がそれぞれに作成するのではなく、学校として取り組むことが求められます。教師一人一人が、それぞれに学習評価を行っていては、学習評価の妥当性・信頼性・公平性の担保ができなくなります。

教師が個人として学習評価するのではなく、学校として学習評価を行うことの重要性が求められる時代へと変わってきているのです。

本書の上梓に当たり、東洋館出版社の上野絵美様には、企画・編集で大変お世話になりました。心より感謝しております。

2023年3月　高木展郎

# 著者紹介

**田中　保樹**〔たなか やすき〕　Ⅲ章・Ⅳ章 1〜3・Ⅴ章 4
北里大学理学部准教授（教職課程センター）
　1961年横浜市生まれ。横浜国立大学大学院修了（修士（教育学））。1985年から横浜市立中学校、横浜国立大学教育人間科学部附属横浜中学校で理科教員として勤務。2009年から横浜市教育委員会事務局指導主事、国立教育政策研究所学力調査官・教育課程調査官及び文部科学省教科調査官を経て、横浜市を早期退職。2018年から北里大学理学部准教授として、教職課程での教育、学習指導・学習評価や理科教育等に関する研究を推進。詳しくは北里大学研究者情報（researchmap）にて。

**三藤　敏樹**〔みふじ としき〕　Ⅱ章・Ⅳ章 4〜7・Ⅴ章 1
横浜市立菅田中学校副校長
　1963年横浜市生まれ。國學院大學文学部文学科卒業、横浜国立大学大学院教育学研究科修了。横浜市立中学校教諭・主幹教諭、横浜市教育委員会事務局教職員育成課指導主事、

横浜市立大学非常勤講師（兼務）等を経て、２０２１年から現職。公認心理師・学校心理士。主な著書に『資質・能力を育成する学習評価―カリキュラム・マネジメントを通して―』（共編著、東洋館出版社　２０２０）『資質・能力を育成する授業づくり―指導と評価の一体化を通して―』（共編著、東洋館出版社　２０２１）『資質・能力を育成する授業づくりと学習評価　中学校国語―カリキュラム・マネジメントを通して―』（共著、東洋館出版社　２０２１）がある。

**高木　展郎**［たかぎ　のぶお］　１章

横浜国立大学名誉教授

　１９５０年横浜市生まれ。横浜国立大学教育学部卒、兵庫教育大学大学院修了。国公立の中学校・高等学校教諭、福井大学、静岡大学を経て、横浜国立大学教授を２０１６年３月退官。主な著書に、『変わる学力　変える授業』（単著、三省堂　２０１５）『評価が変わる　授業を変える』（単著、三省堂　２０１９）『資質・能力を育成する授業づくり　小学校国語―カリキュラム・マネジメントを通して―』（共著、東洋館出版社　２０２１）『高等学校国語　カリキュラム・マネジメントが機能する学習評価　観点別学習状況の評価を進めるために』（単著、三省堂　２０２１）などがある。

# 協力者一覧

＊執筆順、所属は2023年3月現在

加藤俊志　神奈川県立横浜翠嵐高等学校校長　Ⅳ章8
土谷　満　横浜市教育委員会事務局主任人事主事　Ⅴ章2
藤原大樹　お茶の水女子大学附属中学校教諭　Ⅴ章3
遠藤淳子　横浜市立荏田西小学校校長　Ⅴ章5
後藤俊哉　横浜市立桜岡小学校校長　Ⅴ章6
三浦　匡　横須賀市立根岸小学校校長　Ⅴ章7
末岡洋一　横浜市教育委員会事務局西部学校教育事務所所長　Ⅴ章8
小倉　修　逗子市立久木中学校総括教諭　Ⅴ章9
大平はな　横浜市教育委員会事務局主任指導主事　Ⅴ章10
西村秀之　玉川大学大学院教育学研究科准教授　Ⅴ章11
坂本正治　川崎市立東小倉小学校校長　Ⅴ章12
岡本利枝　横浜市立荏田西小学校主幹教諭　Ⅴ章13・14
萩庭圭子　神奈川県立平塚盲学校校長　Ⅴ章15

# 主体的に学習に取り組む態度

## その育成と学習評価

2023(令和5)年3月13日　初版第1刷発行
2024(令和6)年4月1日　初版第4刷発行



著　者：田中保樹・三藤敏樹・髙木展郎



発行者：錦織圭之介

発行所：株式会社　東洋館出版社
〒101−0054　東京都千代田区神田錦町2丁目9番1号コンフォール安田ビル2階
代表　　電話03-6778-4343　FAX 03-5281-8091
営業部　電話03-6778-7278　FAX 03-5281-8092
振替　00180-7-96823
URL　https://www.toyokan.co.jp

装丁・本文デザイン：篠澤正行

組版：株式会社明昌堂

印刷・製本：株式会社シナノ

ISBN978-4-491-05117-8　Printed in Japan

# 「資質・能力の育成」シリーズ

**「これからの時代に求められる資質・能力の育成」とは**
978-4-491-03186-6
本体2,200円
（税込2,420円）

**資質・能力を育成する学習評価**
978-4-491-03950-3
本体2,200円
（税込2,420円）

**資質・能力を育成する授業づくり**
978-4-491-04353-1
本体2,400円
（税込2,640円）

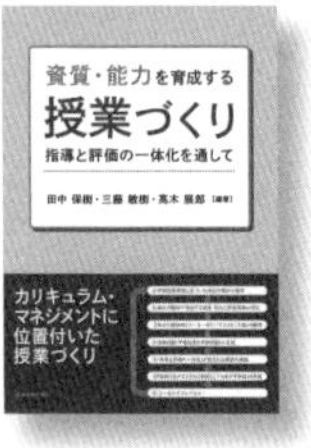


**資質・能力を育成する授業づくり 小学校国語**
978-4-491-04391-3
本体2,300円
（税込2,530円）

**資質・能力を育成する授業づくりと学習評価　中学校国語**
978-4-491-04368-5
本体2,500円
（税込2,750円）

**資質・能力を育成する科学的な探究と学習評価　中学校理科**
978-4-491-04388-3
本体2,400円
（税込2,640円）